대학 총장론

명품 총장이 명품 대학을 만든다

HANYANG UNIVERSITY HIGHER EDUCATION INSTITUTE

한양대학교 고등교육연구소 | '대학의 미래' 시리즈 3

대학총장론

명품 총장이 명품 대학을 만든다

김종량 · 이현청 공저

한양대학교 출판부

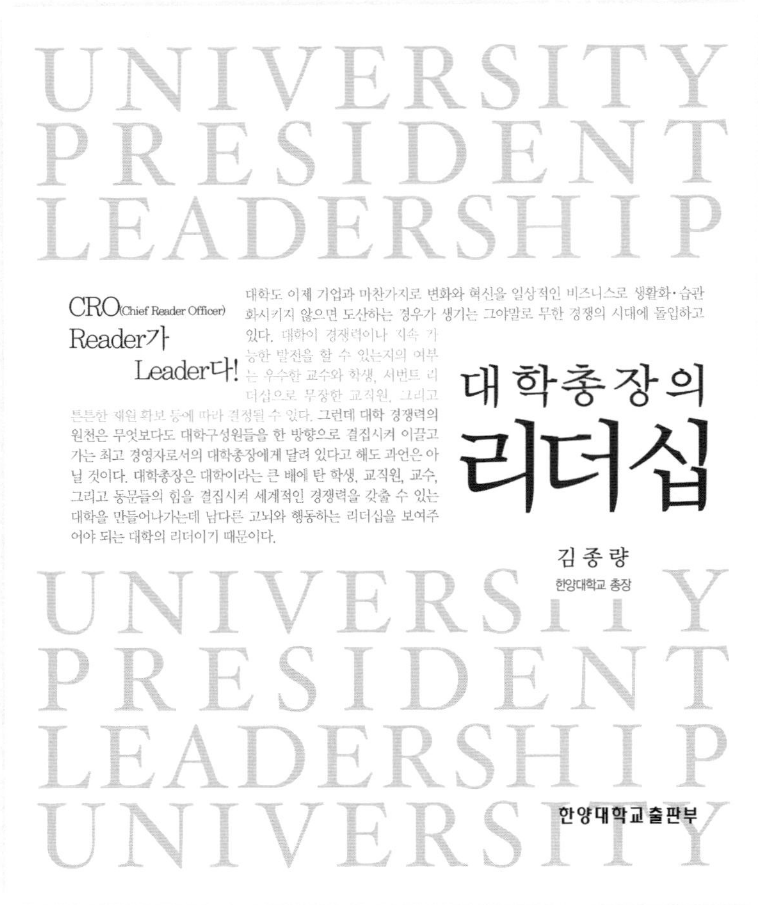

김종량, 『대학 총장의 리더십』, 한양대학교출판부, 2004.
본 저서 『대학 총장론』은 이 책의 후속편이라 할 수 있다.

서문

대학은 지식공동체이고 학습공동체이자 지성의 전당이다. 이러한 점에서 대학은 창의적 사고와 이를 구현해 내는 연구, 학습과정, 현장에 착근시키는 산학협력의 용광로이기도 하다. 특히 대학은 그 구성 측면에서 교육·연구·봉사를 수행하는 기능체제와 이를 지원하기 위한 행정시스템 지원체제로 이원화되어 있고 구성원의 측면에서도 학생, 교수, 교직원의 삼원체제로 형성되어 있다. 이러한 점에서 사회에 산재하는 많은 사회체제와는 그 특성과 운영은 물론 문화와 풍토가 아주 다를 수밖에 없다. 이러한 복잡한 복합체를 대표하는 사람이 대학 총장이다. 총장은 어떤 면에서는 "CEO의 CEO"에 해당하고 많은 목소리와 많은 전공영역과 전문가 집단들 간의 각기 다른 목소리를 조율하고 통합하는 오케스트라의 지휘자와 같은 역할을 수행한다고 볼 수 있다. 따라서 총장은 어떤 조직의 대표자보다 가장 어려운 직책 중 하나이고, 항상 새로운 도전과 혁신을 추구하며 조율과 씨름을 해야 하는 고된 위치이기도 하다.

세계에 약 2만 5000여 개 정도의 고등교육기관이 있다고 추산되는데, 이 대학을 이끄는 총장들의 고뇌는 국적과 설립주체와 특성에 따라 다소 차이가 있을 수 있으나 공통된 부분은 가장 경영하기 어려운 조직의 대표자라는 점에서는 차이가 있을 수 없다. 하버드 대학의 사이어트 총장이 대학의 구성원들은 이 세상의 모든 것 전체 우주에 관한 것에서부터 곤충에 이르기까지 연구를 하면서도 정작 자신이 몸담고 있는 대학에 대한 연구에는 소홀하다는 지적을 했듯이, 이렇게 중요한 역할을 수행하는 총장에 관한 연구나 저술은 국내외에서도 찾아보기 힘들다. 우리나라의 경우도 간헐적으로 총장에 관한 기사나 단편적인 서술은 있었으나 통합적인 총장론에 관한 저서는 전무한 실정이다. 2004년 김종량 총장이 집필한 『대학 총장의 리더십』이 그나마 총장론을 대표하는 저서이다. 본 저서는 2004년 집필된 김종량 총장의 『대학 총장의 리더십』의 연장선상에서 집필된 책이다.

이 책에서는 다소 미흡하나 총장의 역할과 기능, 대학체제의 특성에 따른 총장의 역할, 대학 역사와 총장의 위치, 그리고 총장선출제도와 한국 대학 총장의 특성 변화, 총장 리더십의 본질 등에 관해 통합적으로 다루려고 노력하였다. 따라서 이 책에서는 실제적 측면뿐 아니라 일부 이론적 접근을 함께 다루고 있다. 공동저자인 김종량 총장과 이현청 총장의 실제 총장 재직 경험과 현장에서 느낀 점 등을 저서에 담고 있다는 점을 밝힌다. 1장에서는 축약된 대학의 이상과 역사, 2장에서는 대학 총장의 역할과 책무, 3장에서는 총장선출제도 유형과 장단점, 4장에서는 대학 체제가 갖는 특성과 총장의 역할, 5장에서는 총장의 리더십, 6장에서는 성공한 총장 리더십, 7장에서는 실패한 총장 리더십, 8장에서는 총장 리더십에 영향을 주는 구성원들과의 갈등 요인, 9장에서는 리더로서의 총장의 자기개발과 경영전략, 10장에서는 한국 대학의 특수한 측면을 감안하여 한국 총장 역할과 고민에 대해 다루었다. 이와 함께 부록에서는 총장들의 어록과 명언에 대해서 일부 다루었다.

30여 년 전인 1991년 겨울 버클리 대학 쉐터타워 앞 고등교육연구소에서 마틴 트로우(Martin Trow)와 머린 게이드(Marin Gade), 그리고 영국 옥스퍼드 대학에서 온 홀세이(Halsey) 교수와 대학에 대한 논의를 나눈 적이 있다. 대학의 생명은 자율이고 자율은 자기혁신과 책임을 낳고 창의성을 잉태한다는 것이었다.

버클리대학 고등교육연구소에서 2년여 있는 동안에는 총장의 역할과 대학경영에 대해 많은 식견을 얻을 수 있는 기회를 얻었는데, 그 기간 동안에만 약 100회가 넘는 대학 관련 세미나에 참석하기도 했다. 그 중에서도 캘리포니아 9개 연구중심대학 전체 시스템 총장인 가드너(Gardner) 총장실과 버클리대학 고등교육연구소가 공동으로 개최한 '총장 세미나'는 대학 전반에 대한 이해와 깊이를 더하게 한 값진 기회였다.

또한 18년이라는 총장 재임 기간 동안 수많은 국내외 대학 총장들과 함께 일했고, 이미 『대학 총장의 리더십』이라는 저서를 2004년에 집필한 바 있으며, 대학에 대한 이론과 실제에 고루 밝은 대표적인 대학 경영자 중 한 사람인, 이 책의 공동 집필자이자 현재는 대학재단 이사장인 김종량 총장은 대학의 실상을 잘 아는 입장에서 실제적인 총장의 역할과 고뇌에 대한 경험을 이 저서에 담고자 하였다.

지금 대학이 큰 위기를 맞고 있는 상황에서 대학 총장의 역할은 더더구나 힘들 것이고 앞으로 대학의 위기가 더 심화되었을 때 성공한 총장의 열매는 더 빛나고 크리라 믿는다. 총장의 성공 요인과 실패 요인에 관해서도 일부 다루고 있는 이유는 위기에 처한 대학 총장의 고뇌를 충분히 이해하기 때문이다. 이 조그만 저서가 통합적인 총장론이라는 점에서 의미를 갖기를 기대하고 부족한 부분이 많으나 많은 이해가 있기를 기대한다. 끝으로 출판을 맡아주신 한양대학교 출판부 관계자들께 감사드린다.

2022년 5월 15일

저자 김종량 · 이현청

차례

보스로서의 총장과 리더로서의 총장

보스는 가라고 명령한다. 리더는 가자고 권유한다.

보스는 사람들을 몰고 간다. 리더는 그들을 이끌고 간다.

보스는 "나"라고 말한다. 리더는 "우리"라고 말한다.

보스는 등 뒤에서 일한다. 리더는 공개적으로 일한다.

보스는 남을 믿지 않는다. 리더는 남을 믿는다.

보스는 겁을 준다. 리더는 희망을 준다.

보스는 복종을 요구한다. 리더는 존경을 모은다.

보스는 무지개를 바라본다. 리더는 자기가 밟고 있는 땅에서 눈을 떼지 않는다.

보스는 자기의 약점에 의해 권위를 유지한다.

리더는 자기가 가지고 있는 약점에도 불구하고 권위를 얻는다.

보스는 자기와 의견을 달리하는 사람을 미워한다.

리더는 자기 의견에 반대하는 사람을 가까이 한다.

보스는 타협을 모르고 대화를 거부한다. 리더는 타협을 잘하고 대화를 즐긴다.

보스는 듣기 좋은 말만을 듣는 귀가 하나 있다. 리더에게는 귀가 여러 개 있다.

보스는 뒤에서 호령한다. 리더는 앞에서 이끈다.

출처 : 홍사중, 『리더와 보스』, 사계절, 2002.

김종량, 『대학 총장의 리더십』, 한양대학교출판부, 2004, p.120 재인용.

한국 대학의 총장상과 지도성

오늘의 한국 대학 총장은 심한 역할갈등을 겪고 있다. 총장은 학문자유의 수호자로서의 역할과 질서유지의 파수꾼으로서의 역할을 동시에 수행해야 한다. 총장은 학문연구를 위한 지적 지도자 구실도 해야 하고, 동시에 대학 내외의 갈등을 해소하기 위한 분쟁조정자의 구실도 해야 한다. 현상유지적 총장과 발전지향적 총장, 과업지향적 총장과 인화지향적 총장으로 대별될 수 있는데 능률성을 추구하는 체제 관리자로서의 총장, 통합성을 지향하는 분쟁조정자로서의 총장, 혁신성을 추구하는 변화촉진자로서의 총장, 민주성을 강조하는 민주적 지도자로서의 총장으로 구분될 수 있다. 그러나 총장은 주어진 상황, 주어진 인적 구성, 설립이념, 주어진 자원을 바탕으로 상황적 지도자로서의 최선을 다할 때 효율적 총장이 될 수 있다.

총장상의 바이어그램

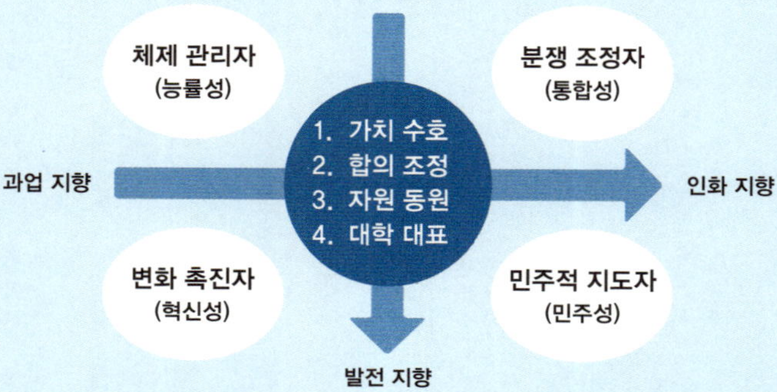

출처 : 이상주, 대학경영관리직과정, 한국고등교육연수원, 1997,
김종량, 『대학 총장의 리더십』, 한양대학교출판부, 2004, p.124 재인용.

총장상의 변화

근대대학 이전

- 도제형 총장 (초기)
- ↓
- 멘토형 총장 (초기중기)
- ↓
- 이상형 총장

근대대학기

- 석학형 총장 (대학초기)
- ↓
- 초능력 총장 (대중 대학기)
- ↓
- CEO형 총장

21세기 이후

- 경영자 총장
- ↓
- 섬김의 총장
- ↓
- 전략적 총장
- ↓
- DB총장

출처 : 이현청(2021), 총장 역할의 변화와 총장상

Chapter 1

—

대학의 이상과 역사

대학은 학문공동체(Academic Community)이다. 대학의 역사와 효시에 대해서는 견해가 다소 차이가 있다. 최초의 대학에 대한 견해도 그렇고 근대 대학의 모습 이전의 고등교육 형태에 대한 견해도 다소 다르다. 그러나 초기의 도제제도형 소규모 길드(Guild)제도가 진화되어 대학의 출현으로 이어졌다고 볼 수 있다. 최초의 고등교육 형태는 BC 387년경의 플라톤의 아카데미아(Academia)에서 비롯된 것으로 인식되고 있다. 이렇게 대학의 출현은 중세 유럽의 산물이라고 볼 수 있는데, 주로 성직자 양성을 목표로 두고 교양교육 위주의 교육을 실시한 데서 비롯되었다. 교양교육의 내용으로는 문법, 논리학, 수사학, 산수, 기하학, 음악, 천문학 등을 다루었는데, 초기 대학의 출현에 관련된 영역은 의학, 수학, 천문학, 연금술 등으로 과학과 철학 발달과 깊은 연관이 있었다.

대학의 이상

- 대학의 이상과 이념 그리고 대학 교육의 목적에 대해서는 다양한 견해가 있지만 그 중에서도 대학의 3대 기능과 무관하지 않다. 대학이 고등교육의 기능을 다하기 위해서는 개인의 잠재적 역량 개발은 물론 사회에서 필요로 하는 최고의 전문인을 양성하는 것뿐 아니라 우리 사회 전반과 인류 공동체의 미래를 고민하는 진지한 젊은 인재들을 길러내는 것을 추구하는 것이 대학의 기본 이상이라고 볼 수 있다.[1]

- 대학은 학생들의 잠재적인 지적 재능을 키워내고 그들이 창

---

1 정운찬, 한국 대학의 현실과 이상, 2009.07.06.

의적이고 건강한 사고를 할 수 있도록 길러내는 최고 수준의 고등교육이므로, 때로는 힘든 훈련을 거쳐 유능한 연구자를 키워내는 과정이어야 하고, 냉정한 평가를 통해 지적으로 단련된 지성인을 키워내는 과정을 필요로 한다. 이러한 관점에서 우리의 대학교육은 내용적으로나 질적으로 더욱 높은 수준의 교육과 연구를 지향하는 것이 그 기본 이상 중 하나라고 볼 수 있다(김옥환, 1993; 김성진, 2000).

- 대학은 현실적으로 직접 활용할 수 있는 실제적 목적 그 이상의 진리 그 자체, 연구 그 자체에 그 이상을 두고 있으며 졸업 후 쓰일 수 있는 직업적 소양과 전문성을 뛰어넘는 성찰을 중시하는 인문학적인 연구나 실험논리를 중시하는 자연과학적 연구는 그 방법은 다르지만 모두 '진리'를 추구한다는 점에서 일치하는 대학의 기본 이상 중 하나이다.

- 이 점에서 어떤 영역이든 새로운 발상에서 창의적 시도를 하는 자발적인 연구를 지원하고 진지한 연구성과를 존중하는 학문적인 분위기가 중요시되는 것이 대학의 목적 중에 하나이고 대학의 기본 이상이라고 볼 수 있다. 이러한 이상을 추구하기 위해서 독창적이고 주체적인 지식을 산출하는 능력을 가지는 것을 중요시하는 학문적 분위기 조성과 이를 지원하는 체제를 강화하고 이를 추구하는 것이 대학의 이상 중 하나이다(정운찬, 2009; 김옥환, 1995).

- 대학의 이상이 실현되기 위해서는 그동안 우리나라 대학들이 급속한 경제발전, 민주화, 남북관계의 변화, 지식정보화 사회로의 이행 등 한국 현대사의 궤적을 바탕으로 세계수준의 연구를 제대로 수행하지 못한 점을 충분히 감안해야 하고, 무엇보다도 대학의 이상 중 중요시되고 있는 연구역량을 강화하고 연구를 지원하는 체계를 갖추는 방향으로의 추구가 필요하다.

- 대학 이상을 추구하고 대학다운 대학을 만들기 위해서는 대학은 민주적인 소통을 추구해야 하며, 다양한 의견들이 토론되고 그 속에서 결집된 의사가 확인될 수만 있다면 어떤 결정이나 개혁적인 조치들도 어렵지 않게 이루어낼 수 있을 것이다. 대학 이상은 '최고의 지성인'과 '최상의 연구', '양질의 교육'에 그 바탕이 있으므로 이러한 모습이 우리 사회에 좋은 모델을 제공할 수 있다고 판단된다. 이를 실현하기 위해서는 자율성의 확보는 매우 중요하고, 각 대학이 자신에 맞는 최적의 구조들을 찾아내려는 노력 또한 필요하다(정운찬, 2009).

- 따라서 대학의 이상은 지성의 전당으로서 연구의 복합체로서 교육의 공동체로서 제 역할을 하는 데 있고, 대학은 지성의 권위를 확립하고 창조적인 지식생산의 능력을 배양하며 지적이고 비판적인 인재들을 양성하는 일에 일차적인

목표를 두는 데 있다. 대학이 자율성과 독창성을 가진 교육과 연구의 중심지로서 제 기능을 더욱 강화할 때 대학의 이상은 구현될 수 있다(이현청, 1998;2002).

대학의 역사

- 대학은 중국 주나라의 국학이나 플라톤의 아카데미아(B.C. 387년)를 기원으로 하기도 하나, 지금과 비슷한 형태의 대학은 중세 즈음에 와서야 시작되었다.

- 현재 남아 있는 세계에서 가장 오래된 대학은, 여러 대학을 세우고 후원했던 파티마 알피흐리라는 여성이 859년에 모로코 페스에 최초로 세운 알카라이인 대학교라는 주장이 설득력 있는 견해로 받아들여지고 있다.

아시아 대학의 역사

아시아 대학의 역사는 BC 124년 중국의 한나라 때 설치된 대학(大學)을 들 수 있다. 이 대학은 송나라까지 이어졌고, 이러한 긴 역사 속에서 고등교육기관으로 자리잡게 된다. 우리나라의 경우는 신라 신문(神文)왕 때인, AD682년에 설립된 국학(國學), 고려 성종 때(AD992년) 설립된 국자감, 조선 시대 AD1392년에 설립된 성균관 등을 최초의 고등교육기관으로 들 수 있다.

대학의 역사를 볼 때, 근대 대학의 모습은 유럽에서 찾아볼 수 있지만 우리나라와 중국에서도 유럽 못지않게 오래전부터 고등교육기관을 운영하여 인재를 양성했음을 알 수 있다. 대학 역사와 발전과정을 볼 때 대학의 흐름은 크게 네 가지로 나누어 볼 수 있다. 하나는 교양교육 중심의 영국형 대학과 연구 중심 형태의 독일형 대학, 그리고 산학협력 중심의 미국형 대학과 고급 관료 인재양성을 중심으로 발달한 동양교육의 유형 등으로 나누어 볼 수 있다.

영국은 교양교육에 치중한 대학의 역사를 갖고 있다. 옥스퍼드 대학의 신학 교수 John Newman이 『대학이념(The ideal of university)』(1852)이라는 책에서 강조했던 것처럼 자유주의 교육에 바탕을 둔, 지식 그 자체가 목적이라는 이념을 실현하고자 했던 것이다. 이에 반해 이상주의 철학의 기풍이 우선시되었던 독일에서는 보다 연구 중심의 교육을 강조하여 훔볼트형 대학이 발전하였다. 그 후 산업화 과정을 거치면서 실용중심 교육을 강조한 미국의 봉사형 대학으로 발전되어 오늘에 이르게 된다. 아시아 대학의 역사적 기원은 국가가 세운 최고 교육기관인 '대학'이라 할 수 있는데, 특히 국가 통치수단의 일환으로 관리를 양성하고 사회지도자를 길러내는 것이 주요 목적이라 볼 수 있다.

- **중국**
  - 기원전 2세기 한나라의 무제가 당시의 수도인 장안에 설립한 국립대학 '태학'에서 시작되었다.
  - 최초의 근대적 신식학교는 1862년 설립된 총리아문 부속 동문관이었다.
  - 1898년 7월 3일 총리아문이 대학당 장정(캉유웨이와 량치차오의 작품)을 발표했고, 북경대학의 전신인 경사대학당(京師大學堂)이 설립되었다. 그 당시 대학의 교육과정은 부

통학(簿通學, 교양과목)과 전문학(전공분야)으로 구성되었는데, 부통학은 경학, 이학, 중외장고학, 제자학, 초급 산학, 초급 격치학, 초급 정치학, 초급 지리학, 문학, 체조 10종과 영어·프랑스어·러시아어·독일어·일본어 중 하나를 선택해서 총 11종이었고, 전문학은 고등 산학, 고등 격치학, 고등 정치학(법률학 포함), 고등 지리학(측회학 포함), 농학, 광학, 공정학, 상학, 병학, 위생학(의학 포함)의 10종이었다.[2]

- **일본**
  - 8세기 무렵인 헤이안 시대에 중앙정부의 관리양성기관으로 '다이가쿠료'를 운영하고, 지방에는 '국학'을 두었다.
  - 일본은 막부 말기 개항과 더불어 외교문서를 번역하고 서양 학문을 연구하기 위한 기관인 번서조소(蕃書調所)를 개설했는데, 이것이 1863년에는 개성소(開成所)로 개칭되어 서양어와 자연과학-군사학을 가르치는 첫 통합교육기관이 되었다.
  - 1868년 도쿠가와 막부에서 메이지 정부로 정권이 바뀐 그해에 이전의 의학소(구 종두소)와 개성소를 도쿄 의학교와 도쿄 개성학교로 바꾸어 중앙교육기관으로 정비한 것

2 박상표, 대학의 역사와 대학의 위기, 참여연대, 2004.

이 나중에 합쳐져 도쿄 대학이 되었다.

- 일본 최초의 대학인 도쿄 대학은 1877년에 개교했으며 법, 문, 이, 의학부로 출발했다. 도쿄 대학은 1886년 도쿄제국대학으로 이름이 바뀌었다.
- 일본의 대학은 1880년대 후쿠자와 유키치(福澤諭吉)의 게오오 기쥬쿠(慶應義塾)가 세워지는 한편, 도쿄 전문학교(현 早稲田大)와 영길리 법률학교(현 中央大) 등이 신설되면서 다양화되었고, 1897년 교토(京都) 제국대학 설립됨으로써 도쿄제국대학의 단일독점체제가 무너지게 되었다.[3]

● **대만**

- 1895년 청나라로부터 타이완을 할양받은 일본이 일어 보급을 위해 1896년 5월부터 국어전습소를 타이완 전역에 설치했는데, 이것이 근대교육의 시초가 되었다.
- 타이베이제국대학은 문정과 이농 2개 학부에 강좌제를 채택했다. 강좌제란 독일 대학을 모방한 것인데, 강좌를 담당한 교수가 각기 연구실과 실험기구 및 도서를 갖고 있는 제도로 연구기관의 성격을 띠었다.
- 1936년 의학부를 증설했고, 1941년 4월에는 예과를 설치했다.

---

3 박상표, 대학의 역사와 대학의 위기, 참여연대, 2004.

- 1931년에서 1944년까지 14년간 총 졸업생 수는 838명이었는데, 이 중 타이완인은 161명이었다. 교사가 많고 학생이 적은 것이 특징인데, 이는 일제의 식민지 정책과 관련하여 대만인의 교육보다는 남방 열대지방 연구를 위한 목적으로 타이베이제국대학을 설립했기 때문이다.[4]

● 인도

- 1857년 캘커타, 봄베이, 마드라스, 알라하바드, 라호르에 5개의 대학교 설립된 것이 시초이다.
- 1875년경에는 암리사르(Amritsar)에 여자사범학교가 설립되었다.
- 1895년 마이소르(Mysore)의 태수 부인이 여자대학을 설립하였다.
- 1900년경에 이르면 모든 고등교육기관은 교육의 언어 매체로서 영어를 사용하게 되었고, 서구적인 지식과 과학의 보급을 목표로 삼았다. 영국으로부터 독립한 이후 인도는 현재까지도 인도에 대한 영국의 교육정책이 인도에 이득이었는지, 아니면 손해가 되었는지에 대한 논쟁을 벌이고 있다.[5]

---

4 박상표, 대학의 역사와 대학의 위기, 참여연대, 2004.

5 박상표, 대학의 역사와 대학의 위기, 참여연대, 2004.

유럽 대학의 역사

- 중세 중기의 십자군 원정을 통해 유럽이 아랍 문화와 접하게 되자 그곳에 전수되었던 철학과 의학, 법학 지식들이 유럽으로 다시 전래되었다. 아랍인들이 직접 발전시킨 지식들까지 대량으로 접하게 되면서 지식인들의 지적 탐구심이 높아졌고, 자연스럽게 새로운 지식을 가르치고 배우려는 학생과 교사의 집단(Guild)이 나타났다. 학생과 교사의 집단은 스스로 각기 조합을 결성하게 되는데 대학은 이 조합의 결합으로 형성된 것이다.

- 중세의 대학은 여러 특권이 있었다. 그 중 가장 큰 혜택은 여러 부담을 면제받을 수 있는 것으로, 대학을 독립된 사회로 인정함으로써 대학은 병역, 복역, 세금 등에서 해방될 수

있었다. 또한 대학 관계자의 범죄 행위에 대해서는 학내에서 별도의 재판권을 인정받는 등 대학 내의 치외법권이 인정되었다. 이 외에 사회적으로 인정받는 학위를 수여할 수 있는 권한이 있었으며 자유여행권, 총학장 자치선출권 등이 인정되었다.

- 고등교육기관은 12세기 중세 유럽에서 시작되었고, 이탈리아의 볼로냐 대학, 프랑스의 파리 대학, 영국의 옥스퍼드 대학 등이 대표적인 유럽의 고등교육 기관의 효시였다.
  - 볼로냐 대학(1088년) : 볼로냐 대학은 현대적 의미의 세계에서 가장 오래된 대학이며, 법학으로 유명했던 대학이다. 볼로냐는 이탈리아의 북부 중앙에 위치하여 법에 강한 로마의 전통을 이어오던 곳이었다. 또한 도시 세력이 성장하면서 교황과 황제의 세력과 부딪치게 되자 이들 도시들은 법률에 대한 탐구를 행했는데, 이로 인해 볼로냐 대학은 법학으로 유명해지게 되었다.
  - 파리 대학(1109년) : 파리 대학은 신학과 철학으로 유명했다. 파리 대학이 위치한 파리에는 노틀담 사원이 있었는데, 이곳은 일찍이 많은 신학자가 배출된 학문의 중심지였다. 이곳에 생겨난 파리 대학은 자연스럽게 신학과 철학으로 유명해졌다.
  - 옥스퍼드 대학(1167년), 케임브리지 대학(1209년) : 영국의 초기 대학 가운데 전형적 형태로 그 역사와 전통이 전해

져 오고 있는데 이후 미국에서 하버드 대학(1636년)을 비롯하여 프린스턴 대학교(1746년) 등 초기의 대학은 영국 대학의 모형을 본받아 이민자들의 노력에 의해 설립된 것으로 알려져 있다.

- 살레르노 대학(1231년) : 살레르노 대학은 이탈리아 남부에 위치한 대학이다. 이곳은 동부 그리스와 인접하여 요양지로 유명했던 곳인데, 그런 이유로 건강과 의학에 관심이 많아 살레르노 대학에서는 의학이 발달하게 되었다. 1231년 프리드리히 2세의 칙령에 의해 대학으로 정식 승인을 받았지만 아라비아 의학의 영향이 커지면서 19세기 초에는 문을 닫았다가 1970년에 재건하게 되었다.

- 이렇듯 유럽에서 탄생한 중세 대학들은 정치적으로 자유로운 자치도시를 배경으로 탄생했고, 대학 스스로 법적, 경제적 '자치'의 특권을 누렸다는 특징이 있으며, 대학교육에서 가장 중요시되었던 것은 토론의 학풍이었다.

- 독일에서는 중세의 대학을 거쳐 1810년 최초의 근대적 대학으로 불리는 베를린 대학이 세워졌다. 중세 대학의 목표가 성직자를 양성하거나 교양인을 길러내는 것이었다면 베를린 대학은 대학 사상 최초로 '학문 연구'를 지상 과제로 삼았다.
  - 베를린 대학(1809년) : 베를린 훔볼트 대학(Humboldt-Uni-

versität zu Berlin)은 1806년에 설립되었으며 근대적인 대학의 효시로 평가받는 대학이다. 베를린 대학에서 추구한 자유와 학문 연구의 이념은 뒤에 세워지는 많은 대학들의 중추적인 이념이 되었고, 대학에서의 연구 중심의 중요성과 연구의 활성화에 많은 영향을 끼쳤다. 베를린 대학은 독일(당시 프로이센) 빌헬름 폰 훔볼트 종무·교육국 장관의 제의를 받아들여 프리드리히 빌헬름 3세의 칙령으로 설립되었으며 대학 설립을 맡은 훔볼트는 '정치권력에 제약받지 않는 교수의 자유와 학문의 자유'를 설립 이념으로 삼았다. 제2차 세계대전 이후에는 동베를린에 속하였으며, 1947년과 1948년 초에 동독의 통제와 학생운동의 탄압을 피해 일부 교수와 학생이 서베를린으로 넘어와 베를린 자유대학을 설립하게 되었다.

유럽 대학의 역사 중 특기할 만한 점은 특정 학문 영역을 중심으로 유럽 전 지역의 학생을 대상으로 한 교육이 이루어졌다는 것이다. 예를 들어 세계 최초의 대학으로 불리는 이탈리아 북부의 볼로냐(Bologna)에 위치한 볼로냐 대학은 법학 교육을 실시할 목적으로 설립된 대학이었다. 또한 볼로냐 대학은 학생 길드 중심의 대학이라는 특징이 있다.

한편, 프랑스 파리에 세워진 파리 대학은 볼로냐 대학과는 달리 교사들의 자치적인 길드 조직에 의해서 운영되는 성직자 양성 목적 대학으로 설립되었다. 따라서 볼로냐 대학은 학생 중심 대학이라 볼 수 있고, 파리 대학은 교사들의 자치적인 길드 조직 대학이라 볼 수 있다.

영국의 옥스퍼드 대학은 신학 중심 교육을 근간으로 하는 대학이었다. 학부를 기본 단위로 하는 칼리지 체제가 특징이었던 옥스포드 대학은 프랑스와 이탈리아 대학들을 참고하여 설립된 대학이라고 볼 수 있다.

이탈리아의 살레르노 대학은 의학 중심 대학으로 출현하였다. 유럽 대학의 발전 과정을 살펴보면 16세기 말부터 18세기까지 교회와 카톨릭의 권위에 반대하는 흐름과 무관치 않다. 이러한 흐름은 자연과 인간에 대한 과학적 인식을 강조하는 혁신운동인 계몽주의 사상의 대두와 맞물리면서 이성의 시대를 열게 된다.

이 시기 독일의 괴팅겐 대학이 1737년 설립되어 인문주의와 학문의 자유이념을 표방하게 된다. 한편 연구중심대학으로는 훔볼트의 베를린 대학이 1809년에 설립되어 학문의 자유를 구가하게 된다. 베를린 대학의 교육 이상으로는 학습하는 자유, 가르치는 자유가 특히 강조되었다.

미국 대학의 역사

미국에서는 영국 등 유럽의 영향을 받아 최초의 대학인 하버드 대학이 1636년에 설립되었고, 이어 예일 대학(1701년), 프린스턴 대학(1746년), 브라운 대학(1764년), 컬럼비아 대학(1754년) 등이 설립되었다. 미국 최초의 연구중심대학인 존스홉킨스 대학은 1876년에 설립되었다. 이어서 산업화 과정을 거치면서 각 지역 중심의 특성화 대학들이 등장하게 되는데, 이 특성화 대학들의 등장에 크게 기여한 것은 토지대여(Land Grant) 대학들이었다.[6]

---

6 이윤미, 대학의 역사(발전과정), 홍익대 교육학과.

- 유럽인들이 아메리카 대륙으로 이주하며 미국에도 대학이 설립되었다. 미국 최초의 대학인 하버드 대학의 역사는 1636년 뉴잉글랜드 지방에 세워진 하버드 칼리지에서 시작되었다.

- 18세기에는 신학 상의 문제로 보수파와 진보파가 대립했는데, 이 과정에서 하버드를 떠난 보수파의 일부가 1701년 뉴헤븐 지방에 예일 대학을 설립하였다.

- 미국의 대학은 1636년에 설립된 하버드 대학을 위시로 한 소규모 사립대학들로부터 시작되었으며, 이후 19세기 지역 산업과 직접적으로 연계시켜 발전된 주립대학 체제, 독일의 영향을 받은 연구중심대학원 체제 등으로 이어졌다.

- 독립전쟁 이전에는 9개의 식민지 교육기관이 존재했고, 19세기 전반부에는 미국 전역에 걸쳐 각 종파에 의해 설립된 대학이 난립하였다.

- 미국 내의 전통적 소규모 대학 대신 수준 높은 연구를 행하는 종합대학 체제를 마련하기 위한 개혁이 시도되면서 기존에 산재해 있던 소규모 칼리지들은 학부과정으로 자리잡게 되었다.

- 1876년에 새로 생긴 존스홉킨스 대학(Johns Hopkins University)은 독일 모델을 따른 미국 최초의 연구중심대학으로 간주된다. 존스홉킨스 대학과 클락 대학(Clark University)은 학부과정이 없는 최초의 종합대학을 만들어냈고, 고급 수준의 대학체제 구축을 위한 재원을 확보하였다. 연구중심대학이 우수한 교육을 실현하기 위해서는 실험실과 세미나, 우수학생을 위한 생활보조비 지급, 경쟁적인 노동시장에서 인정받는 활동적인 연구자 유치 등을 위한 재정자원을 확보해야 했다.

- 주립대학 또한 현대의 유니버시티 형성에 중요한 역할을 했다. 남북전쟁 중 미국연방정부는 Morill Act(1862)를 제정하고 각 주에 토지를 부여하여 대학을 많이 만들었다. 주립대학은 이러한 대학들의 후신이며, 현재 모릴법의 혜택을 받는 대학은 약 70개교에 이른다. 주립대학은 농학, 공학 및 응용 과학 등 실용적인 교과에 중점을 두는 데 의의가 있다. 교실에서 실습실이나 캠퍼스(원래 '야영지'라는 뜻)로 학생들을 끌어들이는 실습이나 실험 교육 위주의 새로운 미국 대학이 탄생한 것이다.[7]

---

7 박상표, 대학의 역사와 대학의 위기, 참여연대, 2004.

- 연구에 집중 투자하고자 하는 명문 대학들은 존스홉킨스와 같은 학교조직의 설립 및 운영을 추진했는데, 종합대학 체제에서 4년제 학부를 운영하면서도 석사 및 박사학위를 수여할 수 있는 공식적인 대학원을 발전시키는 것이 이때 일반화되었다.

- 존스홉킨스 대학은 연구 및 박사학위 과정을 이끌 수 있는 교수진을 확보하였으며, 1880~1890년대 클락, 코넬, 시카고, 스탠퍼드 대학과 같은 신설 대학들도 연구중심의 체제를 갖추었다.

- 미국 상위권 대학의 주된 관심사는 대학원이며, 학부과정은 대학원의 기초과정으로 간주된다. 대학들 간의 최소한의 표준화는 자체적 경쟁의 결과였다. 일정한 수준을 갖춘 다양한 대학들이 이루는 유층(類層)에서 경쟁적 시스템을 운영하고 있고, 자발적으로 조직된 다원적 전문가에 의한 통제가 이루어지는 점은 관료주의적 관리체제를 지닌 국가들에 비해 미국식 대학 제도가 갖는 장점이라 할 수 있다.

한국 대학의 역사

- 우리 역사 최초의 국립교육기관은 고구려의 소수림왕이 372년 세운 '태학'으로, 귀족의 자제들에게 유교 경전과 무예 등을 가르쳤다.

- 682년에는 신라의 신문왕이 '태학'을 설립해 유교 교육을 전담하게 되었다.

- 고려 성종 11년(992년)에 세워진 '국자감'은 훗날 조선의 '성균관'으로 이어졌다. '성균'이라는 말도 고려 충렬왕 24년(1298)에 '국학(국자감)'을 '성균감'으로 명칭을 바꾸면서 처음 쓰인 것이다.

- 태조 3년(1394) 도읍을 개성에서 한양으로 옮기면서 성균관 역시 지금의 성균관대학교 자리인 종로구 명륜동에 새로 지어져 1398년에 완공되었다. '성균관'이란 학교명과 학교 위치를 그대로 이어받은 성균관대학교가 '건학 600년'이라 셈하는 기준 또한 현재의 위치에 조선의 성균관이 들어선 시점인 1398년을 기준으로 하고 있다. 조선시대 최고학부였던 성균관은 유학 교육을 전담하여 성리학적 통치이념을 갖춘 관리들을 길러내는 기능을 맡았으며, 전체 사림들의 의견을 모으는 '공론장' 구실까지 맡는 등 고려의 국자감에 비해 정치적·사회적 비중도 매우 컸다.

- 근대적 고등교육제도가 본격적으로 등장한 것은 일본의 식민지배와 '내지'의 제도가 조선으로 이식되면서부터라 볼 수 있다.

- 이후 조선총독부가 설립한 경성제국대학만이 유일한 대학으로 남아 있었다.

- 해방 이후 미군정의 전후 교육개혁은 대학이 미국화의 거점(4년제 대학 중심)으로 자리매김하는 계기가 되었다. 이 시기에 사립전문학교 수준에 머물렀던 대학들이 일제히 사립대학으로의 승격을 시도하였다.
  - 자료에 남아 있는 기록을 보면 국립대학으로는 서울대학

교, 여자대학으로는 이화여자대학교, 사립대학으로는 숭실대학교와 연세대학교, 민립대학으로는 조선대학교 등이 대한민국 근대적 대학교의 시초로 알려지고 있다.

- 1939년 7월 동아공과학원(한양대학교) 개교
  1946년 9월 20일 혜화전문에서 동국대로 설립인가
  1946년 9월 25일 명륜전문에서 성균관대로 설립인가
  1947년 11월 1일 단국대 광복 후 최초의 4년제 대학으로 정식 설립인가
  1948년 숙명여대, 중앙대, 한양대, 국민대 설립인가
  1949년 건국대, 홍익대가 설립인가
  1952년 경희대 설립인가
  1954년 4월 15일 숭실대 설립인가

- 1960년대를 거치며 통제와 지원을 병행하는 국가권력의 주도 아래, 대학이 국공립과 사립을 막론하고 이공계 중심의 고급 인력양성 기관으로 재편되었다.

- 1970년대는 국가권력이 이공계 위주의 대학정원 정책을 유지하면서 교육과정·교육방법·학생평가와 같은 대학교육의 내용에까지 깊숙이 개입하기 시작했고, 대학도 이를 용인할 수밖에 없었다.

- 1980년대로 접어들면서 대학 자율화와 관련된 정책 담론들

이 활발히 등장하기 시작하였다.

- 1990년 사립재단의 이해관계를 적극 반영하는 형태로 사립학교법이 개정되었다. 이때 신자유주의적 대학개혁이 이루어졌다.

Chapter 2

—

총장의 역할과 책무

총장의 역사

- 중세와 근세의 대학에서의 총장은 덕망이나 행정 전문가로서의 역할이 강조되었다. 이 시기의 대학은 비교적 규모가 작았고 학문 공동체의 성격을 지니고 있었기 때문이다. 하지만 현대에 이르러 대학의 규모가 거대화되고 조직화되면서 대학 총장의 역할은 경영자로서의 역할과 정책 결정자로서의 역할로 확대되고 있다.

- 특히 대학이 '자유와 가치'로 상징되던 전통적인 상아탑의 개념에서 나아가, 아카데미즘과 프로페셔널리즘이 동시에 강조되고 연구 기능보다 교육 기능이나 생산성이 중시되는 시대를 맞이하면서 이제 대학의 총장들은 학문적 대표자이기보다는 교육 문화적 기업(Academic enterprises)의 대표 경

영자로서 기능하지 않을 수 없게 되었다.[1]

1 이일형, 위기의 한국 사학, 돌파구는 없는가, 한국대학신문, 2006.09.19.

총장의 역할

총장의 명시된 임무

- 고등교육법 제14조 제1항에 의하면 대학 총장은 법적으로 학교의 장이며 제15조 제1항에 의하면 대학 총장은 교무를 총괄하고 소속 교직원을 감독하며 학생을 지도하는 임무를 맡고 있다.

- 대학의 조직, 운영 및 교과에 관한 계획을 수립하기 위해 교육당국과 협의하고 실행을 감독하며, 예산문제, 시설확장 등 제반 재정문제를 관장한다.[2]

---

2 배상훈, 김성열, 전수빈, 윤수경(2018), 한국 대학 총장의 리더십 사례, 교육행정학 연구, 36(1) : 195–223.

정책결정자이자 관리자

- 대학의 총장은 대학을 대표하는 지도자로서 대학에 관한 중요한 결정을 내리고 관리한다.

- 대내적으로는 대학의 행정이 원활하게 이루어지게 하고, 대외적으로는 발전기금 및 국책사업을 유치한다.

- 교육예산을 정부와 기부자들로부터 유치·확보하는 역할이 최우선 과제이기도 하다.

- 능력 있는 전문가를 채용하고 활동을 지원한다.

- 한국대학교육협의회가 수행한 연구(김종철 외 3인, 1984)에서는 총장의 기능 영역을 대표 및 통합 기능, 정책형성 기능, 교학행정관리 기능 및 보조행정관리 기능의 네 가지 영역으로 구분했는데, 총장들이 가장 큰 관심을 보이는 행정영역은 ①학사관리 ②학생행정 ③학술행정 ④기획과 조정의 순서였고, 사회봉사·대학원행정·재무관리 등에는 관심이 적은 것으로 밝혀졌다. 또한 성공적인 총장이라는 평을 받으려면 ①훌륭한 교수진 확보 ②교육 프로그램의 질적 개선 ③대학시설 확충 ④교내의 소요 없는 분위기 조성에 주

력해야 되는 것으로 나타났다.[3]

갈등 조정·해결자

- 대학 구성원 간의 갈등 내지 분규를 조정하고 해결하는 역할이 중요하며 구성원들 간의 의견을 합리적으로 수렴할 수 있는 역할이 요구된다.[4]

대학 발전

- 대학 발전을 위한 구체적인 방법을 모색하고 대외적으로 정부기관, 산업계 대상의 사람들을 만나는 등 정치능력이 요구되며, 경영능력 또한 요구된다.

---

3 송영식(2004). 대학 총장 선임제도의 현황과 개선 방안. 대학교육, 130() : 84-93.

4 배상훈, 김성열, 전수빈, 윤수경(2018). 한국 대학 총장의 리더십 사례. 교육행정학 연구, 36(1) : 195-223.

대학 총장의 책무

구성원의 참여와 협조 독려

- 대학 구성원들의 의견을 통합할 수 있는 능력이 필요하다.

- 변화를 싫어하는 교수들과 구성원의 참여를 이끌어내기 위해 활발하고 효과적인 의사소통 체제를 구축하여 동기를 부여할 수 있어야 한다.

- 공동체 구성원들에게 창의성과 혁신적 분위기가 조성되도록 격려하고 지원하는 '봉사자와 멘토'로서의 책임감과 사

명의식을 가져야 한다.[5]

변화와 혁신 주도[6]

- 한국의 대학들은 학령인구의 감소로 인한 위기 속에서 세계의 대학들과 경쟁을 해야 하는 도전적인 상황에 처해 있으므로 대학 총장의 리더십 발휘가 요구된다.
- 권위에 안주하던 시대와는 달리 혁신이 요구되는 역할이 요구되는 시대이다.
- 수동적으로 대응하지 않아야 하며, 전략적인 의사결정이 필요하다.
- 위기와 문제점을 분석하고, 시대가 요구하는 인재상을 길러낼 수 있는 탁월함이 요구된다.
- 권위와 지시가 아닌, 시대에 빠르게 적응하고 미래를 예측할 수 있는 안목이 필요하다.

---

5 대학 총장의 역할과 공공가치, 전대신문, 2017.06.07.

6 이현청(2016), 대학 개혁과 새로운 리더십 한국 총장형 대학개혁세미나 발표집(2016).

효과적인 리더십

- 기업과 같은 조직과는 다르게 대학은 전문가 집단으로 자율성을 지닌 집단으로 상하관계가 아닌 수평적이고 민주적인 관계이므로 이에 맞는 토론하는 문화를 만들어 쌍방향적 소통을 해나가야 한다.

- 따라서 대학은 구성원들의 관계가 느슨한 집단이라는 특징을 띠게 된다.

- 대학의 소재지, 설립 유형과 대학의 목표에 따라 리더십의 양상이 다를 수 있다.

- 전략적인 의사 결정과 효율적인 자원 동원이 요청된다.[7]

- 대학을 경영 합리화의 대상으로 생각하고 이를 운영하는 책임자로서의 리더십이 요청된다.[8]

- 클락 커(Clark Kerr)에 의하면 대학 총장의 책무는 "네 가지

---

7 원영미, [세상보기] 대학 총장의 역할, 중도일보, 2018.03.22.

8 이창현(2018), 대학의 가치, 대학 총장의 자격 요인 및 선출 제도에 대한 사립대학 교수의 인식에 관한 연구, 사회과학연구, 31(1), 253-280.

임무”로 요약할 수 있는데, 첫째는 “분쟁을 판결하고, 납득할 만한 해결책을 마련해야” 하는 “중재자”로서의 임무이고, 둘째는 “진보의 창시자”로서의 임무이며, 셋째는 “자유와 평등을 위해 싸우는 검투사”의 임무이고, 넷째는 대학 발전을 위해 “자신의 이미지와 대학의 이미지를 부각시킬” 임무이다. 요컨대 대학 총장은 중재자, 창시자, 검투사, 이미지 형성자로서의 임무를 지니게 된다는 것이다.[9]

---

9 김누리, 대학 총장의 임무, 중대신문, 2009.03.08.

대학 총장의 덕목

- 대학 총장의 덕목에 관한 견해는 다양하다. 특히 공통된 덕목 이외에는 대학의 설립 주체나 이념에 따라 다소 달라질 수 있다. 이러한 이유로 학자들에 따라 다소 견해가 다르지만 송자(1997)에 의하면 대학 총장의 자질은 다음과 같다. 첫째, 대학 총장은 대학 발전을 위한 장·중·단기 실천계획을 입안할 능력이 있어야 하며, 둘째, 대학과 학문의 탁월성을 유지해 줄 수 있는 학구적 에너지가 있어야 하며, 셋째, 양질의 대학 발전 프로그램을 강력하게 추진할 수 있어야 한다. 넷째, 지역사회 및 동문들과 밀접한 협조 관계를 맺을 수 있어야 하며, 다섯째, 대학 재정 확충을 위한 낭비를 줄이고 그와 아울러 대학 발전을 위한 모금 능력 역시 뛰어나야 한다. 마지막으로 대학 시설 및 직원에 대한 효율적 운영

능력이 뛰어나야 한다. 이것이 대학 경영의 합리화를 위해 지녀야 할 최소한의 조건들이라고 주장한다.

- 이효계(2006)에 의하면 총장의 리더십은 대학조직 전체 리더십의 핵심 요소이자 촉매제이다. 대학 총장은 비전과 꿈을 가져야 하고, 창조적 사고를 가져야 하며, 대학의 생존전략 우선순위를 선택할 수 있는 전문가적인 자질과 능력을 가져야 한다. 또한 개방된 의식을 지녀야 하며, 국제적 감각이 있는, 교육경영자로서의 CEO형 총장이 되어야 한다.

- 미국 UC버클리대학 전 총장이었던 클락 커(Clark Kerr)는 하버드대학 강좌에서 총장은 "학생 앞에 설 때는 벗이 되고, 교수에게는 동료 학자로, 직원에게는 탁월한 행정가로, 사회에서는 성실한 경영자로, 대중 앞에서는 명연설가로, 연구비를 출연한 사회재단 앞에서는 협상의 명수로, 교육계에서는 항상 선구자로, 그 위에 고매한 인품을 갖춰야 한다"고 말했다.[10]

- 4차 산업혁명이 가속화되고 있는 현시점에서는 비전과 전문성을 가지고 변화를 이끌 수 있는 열정이 있어야 한다.

---

10 이현청, 지금은 대학의 위기상황… '전략적 총장' 필요해, 이대학보, 2020.04.08.

- 사립대학 교수들을 대상으로 설문조사에 따르면, 대학 총장에게 요구되는 덕목으로 '갈등 조정 능력(4.64점/5점 만점)', '시대정신과 소통(4.48)', '자치와 자율성 의지(4.46)', '개인의 인품(4.41)', '발전기금의 확보(4.02)', '지역사회 교류 협력(4.01)', '국제 교류 능력(3.88)', '산학협력 능력(3.87)', '학문적 소양(3.84)' 등을 꼽았다. '기금 모금'과 '우수 교수 초빙'을 총장의 가장 큰 능력으로 꼽는 미국 대학과 비교하면, 우리나라의 대학 총장에게는 매우 다양한 능력이 요구된다는 것을 알 수 있다.[11]

- 서울 소재 한 학교법인이 총장 선출을 앞두고 앞으로 4년간 학교를 이끌어갈 차기 총장을 초빙하기에 앞서 교수·학생·직원 등 대학 구성원과 동문을 대상으로 '바람직한 새 총장상(像)'에 대한 설문조사를 실시한 결과, 차기 총장의 바람직한 자격요건(복수응답)을 묻는 질문에 응답자의 86.6%가 '대학행정 및 경영능력'을 가장 중요한 덕목으로 꼽았다.[12] 이어서 '개인의 인성(71.7%)', '비전 제시 능력(69.2%)', '당면 현안 해결 능력(68.2%)' 순으로 나타났다.

---

11 백형찬, [시사진단] 총장에게 바라는 두 가지 덕목, 가톨릭평화신문, 2018.07.15.

12 건국대학교 설문조사 결과, 2020.04.21.

성공하는 총장의 덕목

캠퍼스가 총장 선출과 관련한 후유증을 안거나 총장이 선임된 이후라 할지라도 구성원들이 만족해하지 않는 경우 심하며 학내 사태가 발생할 수도 있다. 이럴 때 늘 논의되는 쟁점 중 하나는 총장의 자질 문제이다. 이와 관련해 포스텍 교수인 서의호(2014)는 동료 교수인 송우진 교수가 주장한 '성공하는 총장의 덕목'을 소개한 바 있다. 그리고 준비되지 않은 총장이나 자질이 부족한 총장의 경우에는 학내에 불만족을 가져다줄 수 있는 여지가 있다고 주장했다.[13]

송우진 교수가 주장하는 성공하는 총장의 덕목은 아홉 가지인데, 상호 신뢰와 협력의 문제가 중요한 전제조건이라고 볼 수 있다.

1. 대학은 교육기관으로서 이익사회(gesellschaft)와 공동사회(gemeinschaft)의 성격을 동시에 갖는 복합 조직이기 때문에 상명하복에 의해 움직이는 일반 기업체와는 다르게 구성원들 상호 간의 신뢰와 협력이 매우 중요하다.

2. 대학의 존재 목적은 교육이기 때문에 총장은 인간에 대한

---

13 서의호(포스텍 산업경영공학과), 경북매일, 2014.11.11.

통찰에 바탕을 둔 관대함으로써 인격적으로 존경을 받아야 한다는 주장을 편다.

3. 총장은 의사결정에 다양한 의견이 수렴될 수 있도록 조직체계와 업무 프로세스를 정비해야 한다. 의견의 수렴이 늘 최선의 해법을 보장하지는 않지만, 적어도 함께 결정했다는 의식의 공유는 내부 역량의 극대화에 기여한다.

4. 총장은 권한의 위임에 적극적인 한편, 책임의 소재를 엄격히 따져서 조직이 유기체처럼 살아 움직이도록 도와주는 역할을 해야 한다.

5. 총장은 구성원들이 각자 긍지를 갖고 신바람이 나서 자기 역할을 다할 수 있도록 세밀한 배려를 베풀어야 하며, 또한 상충되는 이해를 조정하는 감성적 능력(emotional capability)을 갖고 있어야 한다.

6. 총장은 대학의 대표이므로 외부 사회에 대한 호소력이 탁월해야 한다.

또한 총장의 성격과 자질 문제도 매우 중요하다.[14]

7. 총장은 설득을 잘 당해야 한다. 자신의 아이디어는 쉽게 버릴 줄 알아야 언로가 막히지 않으며, 자신이 취한 타인의 아이디어는 쉽게 버리지 말아야 귀가 얇다는 비판을 피할 수 있다.

8. 총장은 희미한 기회와 모호한 위기를 예민하게 감지하고 구별할 줄 아는 판단력을 갖춰야 한다.

그리고 그는 총장을 선출하는 방법을 다음과 같이 위트 있게 기술하였는데, 이 마지막 결론 부분이 시사하는 바는 매우 크다고 할 수 있다.

9. 교수들 중에서 리더를 뽑을 때는 직원들에게 묻고, 직원들 중에서 리더를 뽑을 때는 교수들에게 물어보면 큰 실수가 없게 된다.

아마도 이 대목은 리더십의 자질을 가장 잘 파악하고 있는 것은 바로 내부 구성원들이라는 의미로 해석될 수 있을 것이다.

---

14 http://www.kbmaeil.com/news/articleView.html?idxno=335354

총장은 대학교수로서 명예로운 자리이지만 동시에 막중한 책임이 따르는 직책이다. 그러한 의미에서 총장이 갖추어야 할 덕목에 대해 귀기울일 필요가 있다.

총장 역할의 변화와 총장상

총장의 역할은 표준적인 역할이 있다기보다는 대학의 체제와 모형 그리고 설립주체와 설립목적에 따라 상대적으로 다양하다고 볼 수 있다. 총장 역할의 변화는 이러한 다양한 요인에 의해서 자리매김되고, 총장상 또한 이러한 요인에 따라 결정될 수 있다. 총장 역할은 대학을 효율적으로 운영하고 관리하고 조율하는 역할이지만 이에 못지않게 시대적 요구와 환경의 요구에 민감하게 부응하는 통찰력 또한 요구되기도 한다. 대학 총장의 역할은 대학의 위기일 때, 그리고 법적·제도적 변환이 이루어질 때, 학생수 감소 등 대학의 위기가 팽배할 때 크게 변화될 수밖에 없는 위치에 있다. 이러할 때 총장상 또한 변화할 수밖에 없는데, 총장은 위기관리 리더가 될 수도 있고, 조정자의 리더가 될 수도 있으며, 단순한 소극적인 관리자의 위치에 서 있을 수도 있다. 따라서 총장에게는 다양한 얼굴을 가진 CEO의 역할이 요구되며, 이 점에서 CEO 중에서도 가장 어려운 CEO의 역할을 수행해야 한다고 볼 수 있다. 총장 역할의 변화와 총장상의 모습을 요약 정리해 보면 다음과 같다(이현청, 1998, 2004, 2021).

총장상의 변화

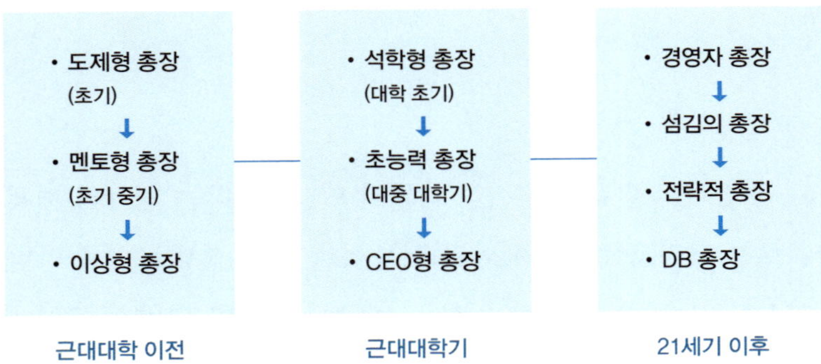

Chapter 3

총장선출제도 유형과 장단점

총장 선출제도 유형

일반적인 국내 총장 선출방식[1]

- 직선제: 총장임용후보자를 대학 구성원들이 직접투표와 비밀투표에 의해 직접 선정한다.
  - 대부분의 대학에서 선거권자를 교원, 직원, 조교, 학생으로 구성한다.
  - 교원, 직원, 조교, 학생의 투표 결과로 총장임용후보자를 선정하는데, 반영하는 비율은 대학마다 상이하다.

1 신현석, 류수형, 김혜연, 국립대학 총장선출제도의 쟁점과 과제, 2016.

- 간선제
  - 관리위원회를 두고 총장임용후보자의 공모, 공고부터 합동연설회 주관 등 일련의 절차를 관리한다.
  - 관리위원회를 설치한 대학의 경우 거점국립대 관리위원회의 규모가 상대적으로 크다.

국내 사립대학[2]

- 교육부의 2015년 12월 16일자 보도자료 '국립대학 총장임용제도 보완 방안 발표'에 의하면 사립대학은 정관에서 총장후보자 선정방식을 규정하고 있다.

- 사립학교법이 총장의 임용권을 학교법인에게 부여하고 있기 때문에 학교법인이 최종적으로 총장을 선임한다는 점은 일치한다.

- 대부분의 대학이 최종적으로 총장후보자를 결정하는 과정에서 학교 구성원들의 참여나 의사를 반영하기보다는 학교법인이 이사회의 의결을 거쳐 임명하고 있다.

---

2 신현석, 주영달, 사립대학 총장선출제도 개선의 논거와 방안 – 대학 자율성의 관점에서 – 교육법학 연구, 2016.

- 과거에 총장후보자를 추천받은 후 학교법인 이사회에서 임명하던 방식에서 2010년을 전후하여 위의 추천절차 없이 학교법인에서 임명하는 제도로 변경되고 있다.

- 근래에 들어 많은 사립대학이 직선제와 간선제를 가미한 총장선출제도를 도입하고 학교 실정에 따라 구성원들의 의견을 충분히 반영한 후에 추천된 후보 중 재단이 이사회 의결을 거쳐 임명하는 추세로 가고 있다.

국내 국립대학[3]

- 국립대학의 경우 최종적으로 교육부장관의 제청으로 대통령이 임용하는데, 임용제청 대상자인 임용후보자를 해당 대학이 추천하도록 하고 있다.

- 교수에 의한 선출제를 시행해온 대학 중 일부에서는 대학 구성 주체 간의 평등성 요구로 인하여 사무직원 및 학생의 선거 참여를 허용하고 있다.

---

3 송영식(한국대학법인협의회 사무총장), 대학 총장 선임제도의 현황과 개선 방안.

- 국립대학의 경우는 직선제를 선호하는 경향이 있고, 일부 대학에서는 교수, 직원, 학생 등이 직간접으로 참여하는 제도를 도입해 운영하고 있기도 하다.

유럽식 총장선출제도[4]

- 1960년대 이후 대학 총장의 선임은 대학 교수 또는 대학 공동체 구성원들의 직접 또는 간접 선거에 의하여 결정하고 있다.

- 장점 : 민주주의의 기본 원리에 충실하다.

- 단점 : ①지도력이 강하고 개혁적인 후보는 인기가 없어 총장에 선임되기 어렵고 선임된다 해도 재임 기간이 1회 임기에 그치고 있다. ②경쟁의 과열화, 파벌 조성, 총장의 영향력 감소, 재임 기간의 축소 등으로 인해 총장의 리더십이 약화되어 대학의 경쟁력을 강화를 위한 사업추진에 악영향을 미쳐온 것으로 파악된다.

---

4 송영식(한국대학법인협의회 사무총장), 대학 총장 선임제도의 현황과 개선 방안.

미국식 총장선출제도[5]

- 미국의 연구중심대학들은 공·사립대학 모두 이사회에서 총장을 선임한다.

- 이사회는 현임 총장 임기만료일 6월~1년 전에 총장후보추천위원회를 구성하고, 이 위원회에서는 ①총장의 직무 및 자격기준 설정 ②총장후보자 모집 공고 ③2차에 걸친 서류심사 ④면접심사의 과정을 통하여 1~3명의 후보자를 선정하고 이사회에 추천한다.

- 대부분의 대학은 학외 인사를 총장에 선임한다.

- 최근 공립대학에서는 정보공개법의 시행으로 총장 후보자를 내부 인사 또는 정치인으로 선임하는 사례가 늘고 있다.

- 총장 권한 강화의 중요성이 강조된다.

---

5 송영식(한국대학법인협의회 사무총장), 대학 총장 선임제도의 현황과 개선 방안.

1. 미국의 대학 총장 선출제도[6]

● 선거권자의 자격과 참여범위

- 일반적으로 미국의 대학들은 총장을 '총·학장선임위원회'에서 선출한다.
- 조사대상 87개 대학 중 73개(84%) 대학이 '총장선임위원회'를 구성하고, 이사회가 주관하는 대학은 5개(6%) 대학으로 대부분 주립대학이다. 그 외 4개(5%) 대학이 총장 소개 및 업무를 담당하는 컨설턴트를 이용하고 있으며, 나머지 2개(2%) 대학은 'Community College'로서 인사 담당 부처에서 총장 선임 문제를 담당하고 있다.
- 대학 구성 인사들인 교수, 직원, 학생 중에서 학생의 참여가 허용되어 있는 형태가 있으나 많은 편은 아니며, 대개 학생대표가 참여해도 입회원(observer)으로만 참여하고 결정권 갖는 투표에는 참여할 수 없는 경우가 많다.
- 소규모 대학과 주립대학의 경우에는 학생대표 참여에 허용적이나 전통 있는 대학과 종교 계통의 대학은 허용에 인색한 편이다.

6 이현청(2002), 대학 총장 선출 제도 연구(서울 : 한국대학교육협의회).

- **총장의 자격과 자질**
  - 미국 대학의 경우는 총장 선임하는 데 보통 6개월에서 1년 6개월이 걸린다.
  - 총장선임위원회의 첫 번째 임무는 총·학장의 자격기준을 설정하는 것이다.
  - 대학에서 우선되는 기능에 따라 기대되는 총장의 역할은 다음과 같다.

대학의 우선되는 기능	총장의 역할 기대
학생주임의 자질	서비스 중심 체제
교수 중심 차원	연구와 개발형 총장 요구
지역사회 중심	지역사회 교육 욕구 충족 (지역사회의 미시적 교육기능에 역량 발휘 능력)
국가 차원 비중	인력 개발과 자원 공급 치중

  - 근래에는 대학의 기능이 'University'에서 'Multiversity'의 특성을 지니게 되면서 다양한 기능을 수행하는 특성에 적합한 총장론으로 전환되고 있다.
  - 총·학장의 자격기준은 박사학위 소지자로서 행정경험이 있고, 초빙대학의 교육이념에 대한 이해가 깊으며, 탁월한 지도력을 발휘할 증거가 있는 자이다.

    ① 총장으로 선출될 가능성이 높은 후보자는 총·학장을 뽑으려는 대학과 비슷한 수준의 명성을 지녀야 한다.

    ② 더 높은 대학에서 행정보직과 교수직을 성공적으로

수행해왔고 현재 총·학장을 찾고 있는 대학과 인연을 맺고 있는 사람, 즉 동문 또는 교직원으로 일한 경력이 있는 사람으로 대학에 대해 어느 정도 잘 알고 있는 사람을 선호한다.

- **총장 선출의 방법과 절차**

1 총장 사임시기 발표

- 총장직의 공석 예정일 6개월 내지 1년 전에 총장의 사임 또는 공석 발표

2 총장선출위원회 구성

- 이사, 동창대표, 지역사회 유력인사, 행정직원 포함하여 약 30여 명으로 구성(교수대표와 학생대표를 포함시키기도 함)

3 초빙광고

- 대중매체, 고등교육 전문잡지, 총장 소개하는 컨설턴트 등에게 홍보활동 전개

4 서류심사

- 1차 심사에서는 이력서와 서류심사만으로 20~30명 정도 선발
- 2차 심사에서는 1차 통과자들의 인비 처리된 서신, 추천인과의 직접 대화, 후보자의 현재 근무지에서의 근무성과나 동료 간의 인간관계 탐색하여 5~15명 정도로 압축

5 면접심사

- 대표적 질문을 통해 살펴보고자 하는 후보자의 모습

① 총장으로서의 품위, 인품(=대학을 상징할 만한 인물)

② 정확한 표현력

③ 학식과 설득력

④ 답변의 단호함과 확고

⑤ 소신 있는 행정가

6 최종후보 선발

- 대학의 목표를 명확히 하여 지향하고자 하는 목표를 최대한 달성할 수 있는지의 여부

7 계약 및 이사회 승인

- 유능한 총장 유치 위해서는 좋은 조건의 고용계약제도가 절대적으로 필요한 도구

● **미국 대학 총장 선출 사례**

주립대학 이사회는 정관에 정해진 절차에 따라 대학 총장 임명하고 평가하는 책무를 지닌다.

: 캘리포니아 주립대학(버클리 대학, 샌디에이고 대학, 샌프란시스코 대학 등 10개 대학을 두고 있음)은 26명의 이사로 구성되는데 18명은 주지사가 임명하고, 1명은 이사회에 의해 임명된 학생이사이며, 나머지 7명은 주지사·부주지사·동창회장 등이 당연직 이사로 임명된다.

2. 독일의 대학 총장 선출제도

- 16개 연방주 또는 시가 연방법 내지 상위규정 하에서 상당한 독자적 규정을 지닌다.
- 전체 독일의 고등교육정책은 대학기준법(HRC : Hochschulrahmengesetz)에서 규정하고 있으며, 각 주는 대학기준법(HRG)에 따라 별도로 규정한다.
- 또한 주정부 산하 각 대학은 일정 범위에서 고유한 규정을 가지고 있다.

● 선거권자의 자격과 참여범위

- 독일 대학의 총장 선출은 국가(주정부)와 자치기구로서의 대학의 공동작품이라고 할 수 있다.
- 대학 내에서 총장 선출에 관여하는 기구는 다음과 같다.
  ① 총장선출준비위원회(1차 선발 주관)
  ② 중앙대의기구(2차 선발 주관)
- 1차 선발기구의 총장선출준비위원회와 제2차 선발기구인 중앙대의기구의 구성 비율에 있어 교수가 과반수 이상을 참여하도록 함으로써 교수에게 결정권을 준다.
- 총·학장 선임은 교수·학생·연구직원·일반직원 모두가 참여하는 완전간선제로 이루어지며, 최종 결정권은 교수들이 가지고 있다.

- **총장의 자격과 자질**

  - 대학기준법 제62조에서는 총장의 자격을 "총장이 되기 위해서는 다년간의 책임 있는 직무, 특히 학문, 행정 또는 법률 사무에 종사한 자로서 그 직무에 부응할 것이 예상되는 자이어야 한다"라고 규정하고 있다.
  - 독일 대학의 총장은 'Rektor'와 'Präsident'로 구별된다.
    ① Rektor : 그 대학에 여러 해 동안 근무하고 있는 정교수 중에서 학술적인 업적, 높은 수준의 인격, 행정 능력이 있는 자를 선출한다(일반적으로 대학 내 교수 중에서 선출한다).
    ② Präsident : 해당 대학교 졸업자로서 학계나 경제계, 행정계, 법조계 등의 분야에서 여러 해 동안 중책을 맡은 자 중에서 선출한다(일반적으로 대학 밖의 정계나 재계의 경험을 가진 인물을 선출한다).

3. 일본의 대학 총장 선출제도

● **선거권자의 자격과 참여범위**

- 미국이나 독일 대학과는 다르게 총·학장 선출에 있어 전형(銓衡)의 원칙이 있다.
- 대학 총장 선출 유형은 다음과 같다.
  ① 총·학장 선임 전형위원회 구성
  ② 교수들이 총장 직접 선출
  ③ 각 단과대학 교수회에서 총장후보자를 추천하고 이들을 대상으로 전체 교수가 직접투표
- 일본의 국·공립대학에는 평의회가 있고, 사립대학에는 이사회가 있으나 총·학장 선임권을 행사하지 않는다. 다만 총·학장은 일반적으로 학생을 제외한 대학 관련 구성원으로 총·학장추천위원회(전형위원회)를 구성하여 선임한 뒤 결정한 후보자에 대하여 평의회나 이사회에서 최종적으로 승인 및 임명한다.

● **총장의 자격과 자질**

- 대학 총·학장 자격기준에 대하여 구체적으로 명시해놓은 규정은 찾아보기 힘드나 결국 학식이 풍부하고 사회적으로 덕망 높은 자로 경험이 많고 학교 운영과 발전에 기여할 수 있는 인사를 추대하고자 한다.

- **총장 선출의 방법과 절차**
  - 대학 자체적으로 전형을 원칙으로 하고 있다.
  - 미국과 독일은 추천위원회를 구성한 완전 간선제이다.
  - 일본의 경우에는 총·학장 전형위원회를 구성하여 총장 후보자를 결정하는 경우도 있고, 전형위원회에서 선출한 총장예비후보자를 두고 평의회 또는 전체 대학 구성원들이 총투표를 실시하는 등 다양한 방법과 절차(대학별로 자체의 총장 선임규정을 마련하여 다양한 방법과 절차에 따라 실시)로 승인한다.
  - 학생들이 투표제 직접 참가하지는 않지만 불신임권을 행사하는 등 간접적으로 영향력을 행사할 수 있다.
  - 조수, 조수보, 직원의 투표권은 정교수, 조교수와 똑같은 비율로 작용한다. 독일의 대학이 교수에게 절대 결정권을 주는 것과 유사하다.

4. 한국의 대학 총장 선출에 주는 시사점

한국은 현재 총장 선임에 있어서 법인재단과 교수협의회 간의 마찰로 과도기적 과정에 있다고 볼 수 있다.

국가	총장선임제도	시사점
미국	완전간선제	• 이사회, 교수, 학생 동문, 지역사회 인사 등 범거교적인 대학 안과 밖의 인사들로 총장선임위원회 구성하여 철저한 선발과정을 통한 장기간에 걸친 선임 • 모든 이해집단의 대표 • 모든 대학구성원이 간접적, 직접적 참여하면서도 대학구성원 내의 파벌 형성과 갈등 배제하기 위하여 외부 유명인사 영입이 일반적 • 공채를 통한 홍보활동으로 총장 공모 • 총장은 지역사회의 사회적 심벌 • 사회진보 및 혁신의 개혁자 • 선출되기 힘든 철저한 선발과정
독일	정부와 대학자치지구의 공동작품	• 제1차 선발과정과 제2차적 선발과정의 두 단계 • 제1차 선발기구 총장선출위원회와 제2차 선발기구 중앙대의기구의 구성원 중 과반수 이상이 교수가 되도록 규정함으로써 정교수가 총장 선출의 결정권 지님
일본	전형이 원칙 (교육특례법에 명시)	• 제도적으로 대학의 자주적 판단에 맡겨 학문연구와 자유 수호 • 학술의 진보·발전을 확보하는 것 전제로 대학 자체별로 규정 가지고 다양한 형태와 방법 취함 • 교수 외 직원을 참가시키는 경우 점차 증가하고 있으며 학생까지 참가시키는 예 늘어남 • 총장후보자에 대해 학생의 신임을 묻는 경우도 상당

총장 임명 관계 규정

국립대학의 총장[7]

제24조(대학의 장의 임용)

① 대학(「고등교육법」 제2조 각 호의 학교를 말하되, 공립대학은 제외한다. 이하 이 조, 제24조의2, 제24조의3 및 제25조부터 제27조까지에서 같다)의 장은 해당 대학의 추천을 받아 교육부장관의 제청으로 대통령이 임용한다. 다만, 새로 설립되는 대학의 장을 임용하거나 대학의 장의 명칭 변경으로 인하여 학장으로 재직 중인 사람을 해당 대학의 총장으로, 총장으로 재직 중인 사람을 해당 대학의 학장으로 그 임기 중에 임용하는 경우에는 교육부장관의 제청으로 대통령이 임용한다. 〈개정 2013. 3. 23.〉

〈중략〉

7 국가법령정보센터, 교육공무원법, 2020, 일부 개정.

③ 추천위원회는 해당 대학에서 정하는 바에 따라 다음 각 호의 어느 하나의 방법에 따라 대학의 장 후보자를 선정하여야 한다.

1. 추천위원회에서의 선정
2. 해당 대학 교원의 합의된 방식과 절차에 따른 선정

〈후략〉

현행 법령 상 국립대 총장임용 절차

구분	내용
국립대학	• **총장임용추천위원회 구성** → 교육공무원법 제24조, 해당 대학의 교직원, 학생, 해당 대학 외의 인사 중 해당 대학이 정하는 바에 따라 10～50명* 이하, 외부 위원은 전체 위원의 1/4 이상, 여성 비율 20% 이상 (* 교원양성대학은 15～20명 이하로 구성) • **총장임용후보자 선정** → 총장임용추천위원회에서의 선정 또는 해당 대학 교원의 합의된 방식과 절차에 따른 선정 • **총장임용후보자 추천** → 총장 임기만료일 30일 전까지 교육부장관에 추천 (* 교육공무원법 제24조 및 교육공무원임용령 제12조의2)
↓	
교육부	• 교육공무원인사위원회 개최 • 총장 임용후보자 임용제청 (교육부 → 인사혁신처) (* 교육공무원법 제3조 및 제24조)
↓	
인사혁신처	• 국무회의 심의·의결 (인사혁신처장 제안) • 인사혁신처, 임명장 및 대통령 재가 서식 작성 (* 헌법 제89조)
↓	
대통령	• 대통령 재가 • 임명장 수여 (통상 국무총리가 전수)

출처 : 교육부(2015.12.16) 보도자료

국립대학 총장추천위원회 구성 및 운영비교

구분	일반대학	교원양성대학	서울대 (국립대 법인)
법적 근거	교육공무원임용령 제12조의3	교육공무원임용령 제12조의4	국립대학법인 서울대학교 설립·운영에 관한 법률 제7조 제2항
인원	10명 이상 50명 이하 (단, 대학규모에 따라 그 수의 조정이 필요하다고 인정한 대학은 추천위원회의 구성을 10명 이상 60명 이하로 조정 가능)	15명 이상 20명 이하	25명 이상 30명 이내
구성	• 교직원 • 학생 • 외부인사	• 교원대표 • 직원대표 • 학생대표 • 졸업생대표 • 지역 교육감 또는 지자체장 • 교육에 관한 학식과 경험이 풍부한 사람	• 이사회 추천 • 교직원 • 외부인사
의무 사항	• 외부인사 1/4 이상 • 여성위원 20% 이상	• 외부인사 1/4 이상 • 여성위원 20% 이상 • 구성대상이 1명 이상 포함	• 외부인사 1/4 이상
위원장	• 위원장 1인(위원 중 호선) / 부위원장 1인		
운영	• 세부사항은 대학의 장이 정함	• 세부사항은 대학의 장이 정함 • 공모방식으로 선정할 경우 서면심사, 심층면접 등 실시하여야 하며 그 사항을 학칙에 기재해야 함	• 세부사항은 정관으로 정함
존속 기간	• 위원회가 추천한 후보자가 대학의 장으로 임용될 때까지 존속		

* 교육부(2015.12.16) 보도자료 및 서울대학교 총장추천위원회 규정을 재구성하였음

사립대학의 총장

사립학교법 제53조의 규정에 의거, 당해 대학을 설치·경영하는 학교법인이 임면토록 되어 있다.[8]

> 第53조(학교의 장의 임용)
> ① 각급 학교의 장은 해당 학교를 설치·경영하는 학교법인 또는 사립학교경영자가 임용한다.
> ② 제1항에 따라 학교법인이 대학교육기관의 장을 임기 중에 해임하려는 경우에는 이사 정수의 3분의 2 이상의 찬성에 의한 이사회의 의결을 거쳐야 한다.
> ③ 각급 학교의 장의 임기는 학교법인 및 법인인 사립학교경영자의 경우에는 정관으로 정하고, 사인인 사립학교경영자의 경우에는 규칙으로 정하되, 4년을 초과할 수 없으며, 중임할 수 있다. 다만, 초·중등학교 및 특수학교의 장은 한 차례만 중임할 수 있다. [전문개정 2020. 12. 22.]

---

8 국가법령정보센터, 사립학교법, 2020, 일부 개정.

총장선출제도의 장점과 단점

사립대학의 총장선출제도의 장점[9]

- 학교법인에 의하여 이루어지는 총장 임용은 대학의 설립이념에 부합하는 인물을 선임할 수 있게 하고, 직선제로 인하여 발생하는 폐해를 줄일 수 있다.

9 신현석, 주영달, 사립대학 총장선출제도 개선의 논거와 방안 – 대학 자율성의 관점에서, 2016.

총장선출방식 및 장·단점 비교

선출방식			장점	단점
임명제	완전 임명제	• 총장추천위원회 제도를 폐지하여 자율화 이전(1987)으로 환원 • 대부분의 사립대학이 이 제도를 견지하고 있음	• 대학의 설립이념에 부합된 적격 총장선임이 가능 • 직선제의 폐단이나 잡음을 줄일 수 있음 • 사립대학의 경우 재단의 지원의지 강화 효과	• 국립대학의 경우 정치성이 가미될 가능성이 있음 • 재단의 횡포로 작용할 가능성과 대학의 자율성 약화 가능성 • 규모가 큰 대학일수록 직선제 도입을 위한 갈등 지속
	하향식 절충제	• 먼저 이사회에서 5~6명의 총장후보를 결정한 후 교수단의 투표에 부쳐 최다득표자를 총장으로 확정 임명 • 후보자 인원이나 자격 등은 내규로 정함	• 임명권자의 의지를 존중할 수 있으며 교수단의 의견도 제한적으로 반영됨 • 직선제나 완전임명제의 폐단이나 단점을 완화시킬 수 있음	• 이사회 선임 시 5~6명을 동질적 후보로 내거나 또는 정략적으로 내정 제시할 가능성이 있음 • 교수들이 지지를 받는 후보자가 의도적으로 배제되는 경우 교수단의 불만이 야기될 수 있음
	상향식 절충제	• 먼저 교수단의 직접투표로 5~6명의 총장후보를 선출 • 이사회에서는 선출된 후보 중에서 득표에 관계없이 총장을 확정 • 현행 직선복수추천제의 보완 형식이지만 임용권자의 선택의 폭을 넓힘	• 수정된 민주적 방식으로 구성원들의 여망이 우대됨 • 임용권자의 의지도 제한적으로 보장됨. 조화와 균형의 원리에 적합	• 다소는 완화되지만 직선제의 폐단이 완전히 극복되지는 않음 • 추천된 인사 중에서 선임할 수 있으나 득표수에 구애될 때에는 직선제와 다름없음 • 임명제의 장단점이 희석됨

직선제	• 교원들의 직접 선거에 의하여 선정	• 대학의 중추적 구성원인 교원의 의견이 제대로 반영 • 대학민주화, 자율화에 기여. 구성원의 참여의식 고조	• 득표 운동 등으로 인한 대학 권위와 풍토 훼손 • 교수 간의 파벌 조성과 선거후유증 심각. 직원 및 학생대표가 소외되어 갈등 지속
간선제	• 직선으로 총장 추천위원회 또는 총장 선출을 위한 대의원을 선출한 뒤, 추천위 또는 대의원들의 직접 투표로 결정	• 직선제의 폐단을 완화시킬 수 있으면서 대학 구성원의 의사를 반영 • 미국 등 선진국의 일반적 제도로 오랜 경험을 활용	• 직선제보다 수가 적은 추천위 및 대의원을 대상으로 청탁 및 압력사례가 심해질 수 있음 • 소수 대의원간의 담합이나 편향성이 나타날 우려 • 대의원 선출과정이 과열될 경우 직선제와 유사한 문제 발생 가능성

출처 : 신현석 · 주영달(2016), p.80을 일부 보완하여 편집

사립대학의 총장선출제도의 단점[10]

- 대학 구성원들의 대학 총장 선출 참여권이 입법적으로 보장되어 있지 않다. 사립학교법은 학교법인에게 총장의 임용권이 있다고 규정할 뿐, 그 외 대학 구성원들이 총장의 선출에 참여할 수 있도록 하는 제도적 장치가 전혀 마련되어 있지 않은 실정이다.

10 신현석, 주영달, 사립대학 총장선출제도 개선의 논거와 방안 – 대학 자율성의 관점에서, 2016.

- 대부분의 대학들에서 대학 구성원들의 의사를 반영하는 절차 없이 이사회를 통하여 학교법인이 총장을 선출하고 있다. 설립자와의 사적 관련성만 클 뿐 자질과 도덕성은 부족한 인사가 될 수도 있고, 설립자나 학교법인으로부터 독립적인 정책을 결정하고 집행하기 어려울 수 있으며, 결국 대학 구성원들의 학문의 자유와 대학자치권을 침해할 수도 있다.

1. 직선제로 총장을 선출하는 학교[11]

대학	특징
G대학교	• 직선제 결의를 선언하였으나 결국 간선제로 선회하는 등 혼란이 있었다. 문재인 정부 출범 이후 다시 직선제로 회귀. • 학생이나 교직원의 표가 교수에 비해 반영 비율이 극히 낮아 갈등의 여지가 존재.
B대학교	• 2015년 ○○○ 교수가 총장 직선제 수호를 외치며 투신 및 사망함에 따라 8월 18일에 직선제를 유지하기로 결정. • 2015년 11월 17일에 직선제로 선거를 치러 1순위 당선자로 전호환(58) 조선해양공학과 교수(득표율 71.3%), 2순위 당선자로 정윤식(61) 통계학과 교수를 총장 임용 제청을 위해 교육부에 신청한 바 있으나, 그 이후 7개월째 임용 제청이 되지 않았었음. • 그러다가 2016년 5월 12일, 마침내 제20대 총장으로 전호환 교수가 임명. 이는 교육부의 간선제 추진 이후 최초의, 직선제로 선출된 국립대 총장 임명.

11 총장직선제, 위키백과.

S시립 대학교	• 갈등은 아니나, 서울시립대는 시립이기 때문에 예외적으로 직선제를 계속 유지.
G대학교	• 간선제로 총장 후보자를 선출하였으나 교육부에서 계속해서 임용 제청을 거부하면서 역대 최장인 5년 넘는 동안 총장 직무대리 체제가 지속. • 문재인 정부가 들어서고 나서도 기존 1순위 후보자의 소송으로 재선출을 할 수 없었고, 이와 관련한 학내 대립이 있어 뒤늦게나마 직선제를 진행한 대학과 달리 선거도 할 수 없어서. 최근에야 겨우 직선제로 총장 선출.

2. 간선제로 총장을 선출하는 학교[12]

대학	특징
K대학교	• 교육부 방침에 따라 지난 2012년 직선제에서 간선제로 학칙을 개정하고, 2014년 10월 임용제청을 했으나 교육부 측에서 이를 거부하여 지금도 총장이 없이 21개월째 총장직무대리 체제가 이어지고 있다가 2017년 총장이 선출.
G대학교	• 2012년 선거를 마지막으로 직선제가 폐지되어 2013년 학칙 개정을 통해 간선제로 전환되었으나, 최근 교수회 및 총학생회에서 총장 직선제 쟁취를 주장하는 목소리가 커지고 있고, 급기야 총학생회장이 단식을 선포. • 이후 현 지병문 총장이 직선제에 대해 부정적인 입장을 밝혔고, 교수회는 21일 대응 계획을 세울 방침. • 결국 구성원참여 방식의 간선제로 결정되었다가, 재투표로 다시 결정. 결과는 간선제 쪽이 근소한 차이로 더 많은 표를 얻었고, 결국 차기 선거를 직선제 요소가 가미된 간선제로 치르기로 함.
H해양 대학교	• 총장 선출 과정을 두고 갈등을 겪다가 급기야 총장이 스스로 직무 정지를 신청하는 사태가 벌어졌고, 결국 직선제 대신 보완된 간선제를 채택.

12 총장직선제, 위키백과.

3. 재단이 임명하는 학교

대학	특징
D대학교	• 당시 이사 3분의 2 이상의 찬성 및 관할청 승인을 받았어야 했으나 이를 이행하지 않아 사립학교법을 위반.[13]
S대학교	• 이사회에서 총장 공모에 지원한 13인을 대상으로 서류심사를 거쳐 최종 후보자 3인의 발표와 면접심사를 통해 선임.[14]
B대학교	• 총장자리를 대물림.[15]

사립대 총장 선출제도 현황(2018년 7월 기준)

구분	방식	대학수
완전임명제	대학 구성원 참여 없이 법인 이사회에서 직접 총장 임명	99
간선제	총장추천위원회 등 통해 총장후보자 추천 후 이사회 임명	32
직선제	학생, 교수, 직원 직접선거로 총장후보자 추천 후 이사회 임명	2
	교수, 직원 직접선거로 총장후보자 추천 후 이사회 임명	5

1) 2018년 12월 상지대, 학생·교수·직원 투표 총장 선출로 직선제 1개교 추가(이전엔 완전임명제)
2) 전국 사립대(일반대 전체 156곳 중 자료 제출한 138개교 대상
자료 : 박경미 더불어민주당 의원실

13 최원형, 동양대 총장 임명 과정서 사립학교법 위반, 한겨레, 2019.

14 김종득, 서라벌대 총장 선임두고 이사회–교원노조 갈등, 경주 포커스, 2020.10.26.

15 김인수, "전체 사립대학의 43.5%는 대물림", IBS뉴스, 2019.10.17.

사립대학 총장 선출제도 현황(2020년 기준, 단위 : 교, %)

구분		방식	대학수	비율
완전임명제		법인에서 직접 총장 임명	57	61.3
직선제	대학구성원 참여직선제	교수, 직원, 학생, 동문 등의 직접선거로 총장후보자 추천 → 이사회에서 임명	4	4.3
	교직원 직선제	교수, 직원 직접선거로 총장후보자 추천 → 이사회에서 임명	2	2.2
		소계	**6**	**6.5**
간선제	간선제	총장후보추천위원회 등에서 총장후보자 추천 → 이사회에서 임명	24	25.8
	간선대의제	선출위원 선정 → 선출위원이 총장후보자 추천 → 이사회에서 임명	2	2.2
		소계	**26**	**28.0**
		기타	**4**	**4.3**
		합계	**93**	**100.0**

1) 사립·일반 산업대 93교 대상. 2) 총장후보를 추천하는 총장인선위원회가 전원 이사로 구성된 경우 임명완전제에 포함. 3) 교수, 직원, 학생, 동문, 법인 등으로 총장후보추천위원회를 구성하되 교수는 선출된 교수가 참여하는 경우 간선제에 포함

자료 : 교육부, 국정감사 제출자료, 2020.

사립대 총장 선출제도(직선제 및 간선제) **추진 방식**(단위 : 교, %)

<table>
<tr><th colspan="2">구분</th><th>방식</th><th>대학수</th><th>비율</th></tr>
<tr><td colspan="2">완전임명제</td><td>대학 구성원 참여 없이, 법인에서 직접 총장 임명</td><td>99</td><td>71.7</td></tr>
<tr><td rowspan="6">직선제</td><td>교직원직선제</td><td>교수, 직원 직접선거로 1명 선출 → 이사회에서 임명</td><td>1</td><td>0.7</td></tr>
<tr><td>상향직선제1
– 성신여대
– 이화여대</td><td>교수, 직원, 학생 등의 직접선거로 총장후보자 복수 추천 → 이사회에서 1명 임명</td><td>2</td><td>1.4</td></tr>
<tr><td>상향직선제2
– 조선대</td><td>교수, 직원 직접선거와 학생 선출위원 선거로 총장후보자 복수 추천 → 이사회에서 1명 임명</td><td>1</td><td>0.7</td></tr>
<tr><td>상향직선제3
– 한국외대</td><td>교수 직접선거로 총장후보자 복수 추천 → 이사회에서 1명 임명</td><td rowspan="3">3</td><td rowspan="3">2.2</td></tr>
<tr><td>– 숙명여대</td><td>교수 직접선거로 총장후보자 복수 추천 → 이사회에서 1명 임명
(후보자 공약공청회 없이 전체교수회의에서 후보자 선정 후 결선투표)</td></tr>
<tr><td>– 한성대</td><td>교수, 직원 직접선거로 총장후보자 복수 추천 → 이사회에서 1명 임명</td></tr>
<tr><td rowspan="2">간선제</td><td>간선대의제</td><td>선출위원 선정 → 선출위원이 총장후보자 복수 추천 → 이사회에서 1명 임명</td><td>1</td><td>0.7</td></tr>
<tr><td>간선제</td><td>총장추천위원회 등에서 총장후보자 복수 추천 → 이사회에서 1명 임명</td><td>31</td><td>22.5</td></tr>
<tr><td colspan="3">전체</td><td>138</td><td>100.0</td></tr>
</table>

1) 대상 : 사립 일반 · 산업대 138교
2) 완전임명제 : 총추위가 있으나, 이사회 산하에 있어 대학구성원이 참여할 수 없는 대학 포함(1교)
3) 간선제 : 총추위 전 단계인 후보심사위원회 등에 대학구성원이 차여하는 대학 포함(5교)
출처 : 진용준, 숙명여대 교수 직선제 총장 선출 논란… 일부 학생들 노숙 투쟁, 여성소비자신문, 2019.10.29.

총장 직선제 실시 대학의 투표구성원 반영비율(2020년 기준)

대학명	투표구성원 반영비율
D대	교원 82%, 직원 18%
S대	교원 70%, 직원 8%, 학생 22%
S여대	교원 76%, 직원 10%, 학생 9%, 동문 5%
S여대	교원 82%, 직원 7.5%, 학생 7.5%, 동문 3%
J대	정년계열 교원 75%, 정규직 직원 13%, 총학생회 회원 8%, 총동창회 회원 4%
H외대	교원 100%

자료 : 교육부, 국정감사 제출자료, 2020.
출처 : 김일곤, 비민주적 국립대 총장 선거, 1인 1표제가 진정한 직선제, 오마이뉴스, 2020.08.03.

총장선출제도의 의미

총장선출제도는 나라마다, 또 대학의 설립유형이나 설립목적에 따라 다를 수 있다. 국공립대학 위주로 되어 있는 유럽 대학의 총장선출제도와 다양한 대학의 모습을 지니고 있는 미국의 총장선출제도는 다소 다를 수 있고, 우리나라의 총장선출제도 또한 다를 수밖에 없다. 유럽의 경우에는 국공립대학 위주로 되어 있어서 국가가 총장선출의 최종책임을 가지고 있는데 반해 미국 대학들의 경우에는 개별대학의 설립주체가 총장선출의 책임을 맡고 있다. 우리나라의 경우도 국공립대학과 사립대학 그리고 소규모 사립대학의 경우 다양한 접근에 의해서 총장을 선출하고 있는 형편이다. 유럽과 미국 등 선진국은 총장 초빙위원회나 총장 추천위원회의 형식을 통해 공개적인 절차와 구성원들의 의견을 직관적으로 수렴하는 절차를 갖고 있으며, 대개의 경우 오랜기간 검증절차를 거치고 역량 검증을 거쳐서 선임되는 경우가 많다. 우리나라의 경우는 직선제와 간선제 그리고 간선제 중에서도 서부사회의 총장 초빙위원회를 원용하여 활용하는 대학들도 있고, 재단에서 직접 임명하는 경우도 있는 등 다양한 형태를 취하고 있다. 그러나 우리나라의 총장 초빙제도와 선출제도는 아직 초기단계여서 완전히 정착되었다고는 볼 수 없다. 대학구성원들은 직선제를 선호하는 경향도 보이고 있으나, 직선제가 반드시 가장 적합한 총장선출제도라고 볼 수가 없다. 총장 선출제도의 한 유형에 불과할 것이고, 총장선출과정에서 발생하는 대학캠퍼스의 정치화 등의 부작용 등을 유발할 수가 있다. 한편 구성원들의 의견을 수렴하지 않을 경우 자칫 독단적인 임명이 될 수 있다는 임명제 또한 보완할 여지가 있다. 따라서 대학의 형평과 대학이 위치한 지역적 특성 그리고 설립주체가 누구이고 대학의 설립이념과 목적이 무엇인지에 따라 다소 유연성을 주는 것이 바람직하다고 보여진다. 더구나 서부사회의 경우에는 총장 자원풀(president resource pool)이 있어 경험과 지명도와 자질을 충분히 검증받은 후에 초빙이 되는 경우가 많지만, 우리나라의 경우에는 특정 개인이 총장 후보에 입후보하여 직선을 하는 경우도 있어서, 완전한 검증이 이루어졌다고는 볼 수 없는 형편이다. 따라서 총장선출제도는 다양화하는 것도 한 방안이지만 국공립은 국가가 총장선출의 책임을 지는 것이 바람직하고 사립은 설립주체인 재단에게 총장선출을 위임하는 것이 바람직한 방향으로 생각된다. 물론 두 형태 다 구성원들의 직간접적인 의견수렴이 가미된다면 더 바람직한 제도적인 정착이 가능하리라 생각된다.

2019년 각 국립대학별 총장 선거 구성원 투표 비율(단위 : %)

<table>
<tr><th>대학</th><th>교수</th><th>직원</th><th>조교</th><th>학생</th><th>기타</th><th>투표일</th></tr>
<tr><td>강릉원주대</td><td>100(81.3)</td><td>18.5</td><td>1</td><td>3.5</td><td></td><td>2019.11.6</td></tr>
<tr><td>강원대</td><td>100(83.33)</td><td colspan="2">16</td><td>4</td><td></td><td>2020.3 예정</td></tr>
<tr><td>경북대</td><td>100(80)</td><td colspan="2">15</td><td>4</td><td>1</td><td>2020.6 예정</td></tr>
<tr><td>공주대</td><td>100(83.3)</td><td colspan="3">19.9</td><td></td><td>2019.2</td></tr>
<tr><td>군산대</td><td>100(84.2)</td><td colspan="2">13.6</td><td>2.2</td><td></td><td>2017.12</td></tr>
<tr><td>목포대</td><td>100(83.1)</td><td>14.9</td><td></td><td>2</td><td></td><td>2018.8</td></tr>
<tr><td rowspan="2">부산대</td><td>100(87.4)</td><td>9.6</td><td>1.6</td><td>1.6</td><td></td><td>2015</td></tr>
<tr><td>100(88)</td><td colspan="3">12</td><td></td><td>2020.6 예정</td></tr>
<tr><td rowspan="2">서울과기대</td><td rowspan="2">100(82)</td><td colspan="2">17</td><td>5</td><td></td><td rowspan="2">2019.7</td></tr>
<tr><td colspan="2">13.9</td><td>4</td><td></td></tr>
<tr><td>순천대</td><td>100(80)</td><td>14.9</td><td>0.8</td><td>4.2</td><td></td><td>2019.2</td></tr>
<tr><td rowspan="2">안동대</td><td rowspan="2">100(81.9)</td><td>11</td><td>3.9</td><td>3.6</td><td></td><td rowspan="2">2019.1</td></tr>
<tr><td colspan="3">22</td><td></td></tr>
<tr><td rowspan="2">전북대</td><td rowspan="2">100(84.8)</td><td>12.45</td><td>1.84</td><td>3.54</td><td></td><td rowspan="2">2018.10</td></tr>
<tr><td>10.5</td><td>1.5</td><td>3</td><td></td></tr>
<tr><td rowspan="2">제주대</td><td rowspan="2">100(84)</td><td>13</td><td>2</td><td>4</td><td></td><td rowspan="2">2017.11</td></tr>
<tr><td>10.9</td><td>1.7</td><td>3.4</td><td></td></tr>
<tr><td rowspan="2">창원대</td><td rowspan="2">100(80.1)</td><td colspan="3">24.8</td><td></td><td rowspan="2">2019.6</td></tr>
<tr><td>16</td><td>1</td><td>2.8</td><td></td></tr>
<tr><td>충남대</td><td>100(81.3)</td><td>13</td><td>2</td><td>3.3</td><td></td><td>2019.11</td></tr>
</table>

충북대	100(84)	13.4		2.5		2018.4
한국교통대	100(83.4)	13.5	0.7	2.3		2018.2
한국체육대	100(83.3)	11.6		5		2018.11
한국해양대	100(83.3)	18.625	2.25	4.125		2019.12
		12.4	1.5	2.7		
한밭대	100(79.5)	16.7	1.5	2.7		2018.4
한국교원대	100(80)	18.75		5		2019.11
		15				
공주교대	100(78)	12	0.5	9.5		2019.9
		12.5				
광주교대	100(73)	14		13		2018.11
대구교대	100(80)	12	1.6	6.4		2019.8
서울교대	100(79.5)	13	0.5	7		2019.6
진주교대	100(75.7)	15.1		9.1		
청주교대	100(80)	13		7		2019.12
서울대				9.5		
	교수/직원/학생 정책평가단 75, 총추위 25					
서울시립대	100(91)	6.25		2.7		2018.12
이하는 사립대학						
이화여대	100(77.5)	12.2		8.5	2.2(동문)	2016
한신대	60	20	20			합의사항
성신여대	76	10		9	5(동문)	2018
상지대	70	8		22		2018.12
덕성여대	75	12		11	2(동문)	2018.12
조선대	75	13		8	4(동창)	2019.10.1

출처 : 김일곤, 비민주적 국립대 총장 선거, 1인 1표제가 진정한 직선제, 오마이뉴스, 2020.08.03.

Chapter 4

—

대학체제와 총장의 역할

대학의 기능과 역할

대학의 기능과 역할에 대해서는 뉴먼의 대학론, 파슨스의 대학교육론, 클락커의 대학의 역할, 칼슨의 대학론 등 다양한 견해들이 있지만 대학의 3대 기능에 대한 논의는 1945년 독일의 철학자 야스퍼스(Jaspers)에 의해 주창된 교육, 연구, 봉사의 3대 기능으로 집약될 수 있다. 이들 3대 기능은 요근래에 들어 별도의 기능으로 인식되기 보다는 융합기능으로 변화되고 있는 추세를 보이고 있다. 그러나 대학의 기능과 역할은 시대나 상황에 변화와 상관없이 앞서 논의한 대학의 이상을 추구하기 위한 기능수행에 맞춰지고 있다. 특히 대학의 설립이념과 대학에 위치하고 있는 지역사회 그리고 대학의 법 테두리에 관련되어 있는 국가에 따라 다소 기능과 역할이 달라지기는 하지만 기본적으로 대학의 3대 기능에는 큰 변화가 없고 이 3대 기능을 수행하는 고등교육의 역할 또한 큰 변화가 없다 해도 과언이 아니다.

이들 3대 기능이라 볼 수 있는 연구, 교육, 봉사기능을 좀 더 약술해보면 다음과 같이 정리할 수 있다.

대학의 3대 기능 중 초중등교육과 달리 강조되는 기능 중에 대표적인 기능은 연구라고 볼 수 있다. 대학에서 연구기능은 사회에 크게 기여할 뿐만 아니라 국가의 경쟁력과 직결되어 있다. 그리고 산업체의 활성화를 위해서도 핵심적 기능이라고 볼 수 있다. 연구 기능은 원래 독일 대학에서 그 근원을 찾아볼 수 있는데, 오늘날 대부분의 대학은 연구기능을 어떻게 수행하느냐에 따라 일류대학 반열에 서느냐 아니면 그렇지 않느냐에 관점이 되기도 한다. 기존의 지식과 전통을 바탕으로 새로운 지식을 창출하는 대학의 역할이라고 볼 수 있다. 진리 추구와 학문 연구로 고등교육에서의 학습의 역량을 강화시키고 산업발전과 산업체에서 필요로 하는 기술과 전문성을 제고시키는 기초적 기능이라고 볼 수 있다.

학생과 교사의 자치 공간이자 학문 연구의 장

- 대학은 개별 학문을 유기적으로 네트워크화해 함께 연구하고 토론하며 더 크고 깊은 학문을 추구하는 장.
- 전공 분야에 대한 깊은 이해와 동시에 다양한 교양 교육으로 사회와 세계 전체를 바라보는 폭넓은 시각을 갖게 해 주는 역할.
- 대학은 진리를 전수하는 교육의 장소이므로 대학이 그 본래 기능인 진리탐

구에 충실하기 위해서는 학문의 자유, 대학의 자치가 보장되어야 함.

초중등교육과 마찬가지로 대학교육에서도 가장 핵심적 기능 중 하나는 교육이라 볼 수 있다. 교육의 질 여부에 따라 대학의 질과 대학의 역량이 결정되기 때문에 대학기능 중에서 대표적인 기능에 해당한다. 그리고 대다수 대학이 교육중심 대학이라고 볼 수 있다. 대체로 교육 기능과 관련해서는 크게 교양교육과 전문교육을 의미한다. 대학은 특정 분야의 전문인을 양성하는 것뿐만 아니라 전인적 교양교육을 통해 최고의 지성인을 길러내는 역할을 수행하는 기능을 한다.

대학은 지속적으로 사회와 소통하면서 해당 사회의 당면 문제를 제기하고 해결책을 제시하는 사회봉사의 책임을 진다. 인류에 봉사하는 정신을 갖춘 인력 양성하는 것을 의미하며 지역사회를 장(field)으로 하여 사회에 의한 사회의 교육 역할을 의미한다. 근래에는 사회가 안고 있는 제반문제를 대학이 함께 해결하는 역할로 확대되고 있으며 대학의 교과과정도 지역 중심 대학교과과정 그리고 현장중심 학습모형이라 할 수 있는 서비스학습(Service learning)이 확대되고 있기도 하다.

이러한 3대 대학 교육의 기능 이외에도 부수적인 기능이 있을 수 있다. 이 부수적인 기능은 기본기능을 수행하는 과정에서

파생하는 기능이기도 하고, 시대나 환경의 변화에 의해 불가피하게 추구되어야 할 부가적인 기능이기도 하다. 이들 기능은 다음과 같은 역할로 나타난다.

- **인적자산 향상 기능**
  - 학생의 노동력의 질을 향상시켜 생산능력을 증가시키거나 생산비용을 절감시켜, 교육이 졸업생의 임금수준 등과 양의 관계가 존재한다는 것.

- **상아탑적 본질의 유지**
  - 전통적으로 대학은 그 시대, 그 사회의 지성과 양심의 상징으로 대표되면서 사회로부터 스스로를 유리시킨 채 고고한 상아탑으로 존재해옴.

- **사회참여 기능**
  - 비판적 지식인들의 공동체로서 시대가 요구하는 과제에 항상 능동적으로 대응하며 사회에 참여함.

- **동료(peer) 공동체**
  - 대학교는 단지 공부만 하는 곳이 아니라 또래집단을 만나고 사회적 관계를 형성하는 장소이므로 함께 어울리며 즐기는 대학축제나 자발적 동아리 활동, 봉사활동 등도 캠퍼스 생활에서는 중요함. 만약 교육외적 기능을 등한시

하고 대학이 지식과 기술만 전문적으로 가르치는 기능에 지나치게 역점을 둔다면, 대학은 전문학원에 비교될 수도 있고 지나치게 전문성 제고를 위한 공동체로서의 색채가 탈색된다면 자칫 파티스쿨적 특성으로 전락할 가능성도 있음.

- **지성과 양심의 상징 역할**
  - 전통적으로 대학은 그 시대, 그 사회의 지성과 양심의 상징으로 대표되면서 사회로부터 스스로를 유리시킨 채 고고한 상아탑으로 존재해왔으나, 지식기반사회와 정보화사회 그리고 4차 산업혁명 등의 변화를 거치면서 인적자원개발, 평생학습사회 등 현대사회의 변화 속에서 대학은 학문탐구의 전당이라는 위상으로부터 새로운 기능과 역할을 수행해야 한다는 요구에 직면하게 되었음.

- **시대적 역할에 따른 변화의 기제**
  - 대학은 공공성과 사회성을 유지하면서 교수, 연구, 봉사의 세 가지 기능을 같이 수행해야 한다는 대명제 아래서 다양한 교육활동을 지속해 오고 있음. 진리탐구, 학문과 자유 추구에 매몰되어 폐쇄적이었던 대학도 이제는 사회변화에 참여, 주도하는 위치에 이르렀음. 이제 대학 교육은 청소년이나 성인들의 특정시간의 직업을 위한 반복적 훈련이 아니라 사회 변화에 따른 생활과 직업변동을 전

제로 학습과 자기실현 노력을 지속할 수 있도록 기능적 변화를 요구받고 있음.

그러므로 대학의 기능과 역할의 측면에서 보면 우리나라 고등교육법에 제시된 바와 같이 대학은 인격을 도야하고, 국가와 인류사회의 발전에 필요한 학술의 심오한 이론과 그 응용방법을 교수·연구하며, 국가와 인류사회에 공헌하는 것이 대학의 기능이자 목적이라고 명시되어 있는 대학 본연의 역할 수행이 중요하다. 특히 대학의 기능과 역할은 시대 상황과 산업 생태계의 변화에 따라 불가피하게 변화될 수밖에 없지만 대학의 기본기능을 수행하기 위한 노력과 앞서 제시한 기본기능 그리고 부수적 기능을 수행하기 위한 노력이 불가피하다. 대학의 이상과 본연의 목적을 달성하기 위해 변화하는 환경에 부응할 수 있도록 대학교육의 개념, 목적, 내용, 방법, 구조 등이 새로워져야 하며, 오늘날 대학은 그간의 전통적 교육체제, 형식 등에서 탈피하고 고유의 활동과 목적을 추구하면서 사회 체제 내에서 역할을 다해야 한다. 즉 개인과 사회의 요구를 충족시키고, 사회발전에 공헌하는 기능을 수행해야 하고, 고립되어 엘리트 집단을 양성 및 충원하는 구조와 기능에서 확장되어야 한다.

총장의 권한과 대학 모형

버클리대학 총장을 지낸 클락 커(Clark Kerr)와 메리언 게이드(Marian Gade)가 공저한 『대학 총장들의 수많은 삶(The Many Lives of Academic Presidents)』(1986)은 대학 체제의 유형과 총장의 리더십에 관련된 내용을 다루고 있다. 이 저서는 카네기재단에서 연구비를 지원하고 미국 워싱턴 DC에 있는 미국 대학의 거버닝보드(governing boards) 협회에서 발행한 책이다. 이 책을 요약하면 다음과 같다.

미국 대학 총장직은 지금 시험에 직면하고 있다. 대학 총장이 되고자 하는 사람들의 특징들에 대해 관심을 갖고 또 대학 총장들이 얼마나 오랫동안 대학에 재직하고 있는지 그리고 대학의 총장직을 그만둔 후에 어디에서 무엇을 하는지에 관한 관심을 가지고 대학 총장직에 대한 논의가 이루어지고 있다. 이뿐 아니라 총장의 업무와 성취수준에 영향을 주는 내외적인 요인들이 무엇인지에 관한 관점 또한 논의가 되고 있다. 800명의 총장과 그들의 반려자 그리고 측근들을 인터뷰하여 기초한 분석에 의하면 '총장은 대학을 변화시킬 수 있고(President make a difference, strength, leadership, college and university) 대학과 2년제 대학에서의 강력한 리더십으로 대학을 변화시킬 수 있다'라는 결론을 내리고 있다. 24명의 대학 총장들의 간략한 노트에 의하면 리더십에 다양성이 있다는 것을 밝히고 있다. 총장들이 추구하고 수용하고 거절하는 총장들의 이유가 밝혀지고 있는데, 이유를 이 책에서 지적하고 있으며 신임 총장들의 경험과 대학 총장과 일반 회사에 CEO 간의 차이점 그리고 유사성, CEO 그룹의 책임과 이사회, 그리고 총장의 핵심적 책임에 관해서 논의하고 있다. 이 뿐만 아니라 총장에게 요구되는 기법, 우선 순위 전략, 총장에 의해서 체험되는 스타일, 총장에게 영향을 주는 역사적인 경향, 그리고 외부적인 영향력, 예컨대 공적인 규정, 학생과 스탭들의 내부적 영향력 등에 관해서도 논의하고 있다. 특히 네 유형의 총장 모델을 제시하고 있고, 11개 유형의 대학 콘텍스트에 관해서 논의하고 있다. 그뿐 아니라 총장 초빙위원회에서 선호하는 총장 선출의 기준과 요인, 이와 관련된 자료들을 참고로 제시하고 있다.

커(Kerr)와 게이드(Gade)는 권력 모형 총장(power model), 합의 모형(consensus model), 다중심 모형(polycentric model)과 조직

된 무정부 모형(organzed anarchy model)으로 분류하여 총장상을 제시하고 있다. 이들은 대학 총장의 리더십이 발휘될 수 있는 권력모형과 대학의 체제모형을 네 가지로 구분해서 설명하고 있는데, 이 네 모델은 다음과 같다.

(1) 권력 모형(power model)

(2) 합의 모형(collegial consensus model)

(3) 다중심 모형(polycentric model)

(4) 조직된 무정부 모형(organized anarchy model)

권력 모형 (power model)

행정적 권한과 개인적 책임을 바탕으로 하는 계층적 모형을 권력 모형이라고 볼 수 있는데, 이 권력 모형은 총장이 권력의 중심에 있고, 이사회 밑에 총장이 있으며 행정 책임과 권한은 총장에게 전적으로 위임되어 있다. 특징은 단순 수직적 체제이며 이사회의 역할에 따라 총장 리더십에 영향을 받는다. 세부적 사항 등을 간섭하거나 관리하는 관리적 이사회의 역할이 주어졌을 경우에는 총장의 권한이 매우 제한적이고 그 반대의 경우는 총장의 권한은 확대되는 특성을 지닌다. 관리적 행정적 이사회와 통제적 이사회로 대별될 수 있는데, 관리적 행정적 이사회의 경우 총장의 권한은 확대되고, 행정과 관리가 총장의 권한에 속하고, 책임 또한 총장에게 있다. 그러나 통제적 이사회의 경우에는 관리적 행정적 이사회와 달리 총장의 권한이 상대적으로 위축되고 많은 부분에 행정적인 부분이 통제적 이사에서 관장하게 되는 경우가 많다.

대학 총장이 되고자 하는 사람들의 경우에는 본의든 타의든 권력욕구와 무관할 수 없다. 대학 총장 리더십이 권력과 무관하지 않기 때문이다. 리더십을 연구한 학자들은 리더십과 관련된 권력(Power)을 유형별로 나누기도 하고 권력과 관련된 여러 요인이나 조직 구조 등과 연관지어 설명하기도 한다. 권력을 자기의 의지를 다른 사람의 행동에 강요하는 가능성 이라고 정의한 Max Weber(1947) 이후 권력과 연관된 리더십의 정의 또한 리더십의 원천이나 에너지가 원력이라 설명되기도 한다(Karter, 1983 Bennia and manus, 1985;John Gardner 1986 등). 따라서 대학 총장의 리더십은 '사회현상의 통제과정'이고 '총장의 의지를 구성원들에게 실현케하는 기초적 원동력'이라 볼 수 있다.

일반적으로 미국이나 한국 그리고 다른 나라들의 대학 총장들도 총장이 되기전까지는 총장의 역할에 대해 거의 알지 못하고 대학에서 부총장, 처장 등의 보직경험이 있다 해도 마찬가지라는 것이다(David Riesman, 1975;Kerr and Gade, 1986).

리더십의 원천인 권력과 관련해 맥크랜드(1975)는 권력 욕구는 자신의 이익을 달성하기 위한 개인적 차원의 사적욕구와 이와 달리 공공의 선을 위한 헌신하고자 하는 공적욕구의 두 종류가 있다고 설명한다(D.C. McClelland, 1970, 1975).

따라서 리더십의 원천인 권력은 사적 부분과 공적 부분으로 구분할 수 있지만, 이 두 부분을 따로 떼어 설명할 수 없다는 것이다. 이 점에서 대학 총장은 공익을 위한 권력행사를 우선할 때 대학 발전에 기여할 수 있다는 점을 유의할 필요가 있다. 영국의 애덤 스미스(A. Smith) 또한 개인의 권력 욕구 동기를 개인에 두는 개인화가 아닌 공익을 위한 사회화(Power Socialized)할 때 권력욕구가 대학 총장의 리더십으로 승화할 수 있다는 것이다.

대학 총장 리더십은 대학 구성원들을 교육, 연구, 봉사를 위한 동력으로 사회화시킬 때 성공적인 대학 총장의 역할을 수행할 수 있다는 결론이다.

합의 모형(collegial consensus model)

대학 체제에서 합의 모형은 구성원들 간의 합의를 중시하며 도출된 합의에 의해 리더십이 발휘되는 공유통치(Shard governance) 모형이다. 권력 모형이 위계적 수직모형이라면 합의모형은 상호 영향력을 행사하는 영향력 모형이고 공유된 모형인 수평적 모형에 해당한다. 따라서 총장은 통제적 의사결정자나 권력 행사자라기보다는 조정자, 주도자, 수호자의 역할을 수행하게 된다. 의사결정과정이나 논의과정에서는 최종결정에 이르게 하는 조정자(Mediator) 역할을 수행하고, 교육경영이란 차원에서 학문의 자유와 교육과 연구의 질 유지를 위해 교육기관으로서의 본질을 지키는 수호자(Gladiator)의 역할을 수행한다. 이 합의 모형에서 가장 중요한 것은 구성원들 간의 합의 도출이기 때문에 대학 총장의 역할은 합의도출을 위한 조정자의 역할이 매우 중시된다.

완충역할을 시도하지만 이 사회의 역할 여하에 따라서는 총장의 리더십이 분산될 여지고 있다. 결국 이 사회와 총장 간의 긴밀한 협력과 조율이 관건이 될 수 있다.

다중심 모형(polycentric model)

성공적인 대학 총장의 역할 또한 합의 도출의 조정자 역할과 깊은 연관이 있는 대학 공동체의 지도자(Corson, 1960, p.182-183)상이라 볼 수 있다. 그러므로 대학 구성원들 간의 합의도출이 원활하고 공통적 목표를 향해 응집력이 강할 때 총장의 리더십이 발휘될 수 있다. 특히 대학 총장에 대해 관용과 수용 그리고 이해 등 존경할 수 있는 인간적인 측면이 있을 때 더욱 강한 응집력으로 대학의 성장을 이끌어낼 수 있다. 이 모형의 총장이 갖게 되는 취약성의 하나는 총장이 아마추어적 특성을 지닐 때 교수들의 목소리가 커지고, 심한 경우에는 집단 행동을 통한 반발도 예견할 수 있다. 특히 분권화적 속성이 있어서 학과나 단과대학의 이익과 주장이 강화될 수 있고, 오랫동안 행정력을 쌓은 교직원들이 대학운영에 중요한 위치에 있음에도 이들을 경시할 경우 행정력이 급속히 약화될 수도 있다. 이뿐 아니라 교직원들이 독자적 세력화를 도모하거나 다양한 방법으로 총장의 행정집행에 소극적일 때 총장의 역할에 지대한 영향을 받게 된다. 그러나 합의 모형의 통치일 경우 우선적으로 교수들의 역할을 중요시해야 하고 영향력 중심에 이사회가 있다는 점을 항상 염두에 두어야 한다. 이 모형에서는 총장의 교섭능력, 설득력, 정보가 매우 중요하고 건축·재정·인사 등 여러 위원회를 운영해 대학을 관리할 경우에는 총장의 의사결정능력이나 집행능력이 매우 제한되고 권력 자체가 분산될 가능성이 높다. 이럴 경우 대학운영에서 각종 위원회의 목소리가 커질 수 있고, 그들의 주장이 반영되어 전체적 조율 자체가 어려울 경우도 있게 된다.

한마디로 다중심 모형은, 대학에서 권력의 중심축이 여러 개 존재하고 총장은 이 중에서 한 축을 담당한다는 것이다. 여러 권력 축이 존재하므로 일종의 정치적 협약을 필요로 하고 여러 권력 축은 대학 내부에만 존재하는 게 아니라 대학 내외부에 존재하며 일종의 파벌화되고 파당화되어 집단들 간의 이해에 따라 합종연횡을 하기도 하고 적대관계로 변하기도 하여 단결과 대결이 상존하는 리더십 모형이라 볼 수 있다. 이들 권력축은 내부 권력축 중심으로 존재하나 필요에 따라 동문회, 지역사회, 정부, 언론 등과 연계할 수도 있다. 그러므로 친총장 그룹과 반총장 그룹화가 이루어져 집단권력화하는 경향도 있다. 이 모형의 특징 중 하나는 공동목적을 위해 단결하기보다는 권력 간의 이해와 유익을 도모하기 때문에 안정적 대학 경영이 어렵고 각기 다른 영향력을 조정하기 또한 어렵다는 것이다. 따라서 이러한 체제 모형은 총장의 리더십을 발휘하기 어려운(Walker 1979; A Wilavsky A, 1984) 분열된 리더십으로 대학을 경영할 수밖에 없는 경우도 발생한다. 수직적 체제는 총장과 이사회, 총장과 총장의 측근 참모나 보직교수 등에 국한되고 나머지 체제는 모두 분파화되어 조직해체적 운영이 불가피하다. 따라서 현상유지가 최선의 목표가 될 수 있고 가장 용이한 리더십의 형태가 될 가능성이 높다. 이 모형에서 총장의 역할과 리더십은 매우 제한적이고 최소한의 중립적 입장에 서거나 사안에 따라 다양한 권력축과 필요시 협상하고 조율할 수밖에 없다. 다만 대학총장은 최종 결정권을 가지고 있는 위치이므로 거부권을 행사할 수도 있고 고도의 정치력을 발휘할 필요가 있다. 이 모형의 특징은 여러 학자들, 예컨대 가드너(J. Gardner, 1981)나 클리브랜드(H. Cleveland, 1985) 등이 기술하듯 '파당이 왕이고 분열은 분열을 먹고 사는' 조직형태를 띨 수밖에 없다. 그리고 이 모형에서는 현상유지가 최상이기 때문에 조직에 책임을 지는 사람이 없다는 특성을 지닌다.

특히 다중심 모형의 가장 경계해야 할 취약점은 각 영향력 행사 그룹이 거부권을 행사할 수 있다는 점이다. 거부권 행사 시 조율이나 갈등관리 과정이 어려울 수 있고 총장이 변화나 혁신을 추구하기보다는 각 이해집단의 갈등관리 차원에서 이해가 상충되는 부분을 봉합하고 현상유지에 치중할 가능성이 높다. 이 모형은 공식체제보다는 비공식조직이 강한 목소리를 낼 가능성이 높고, 총장은 중립적 입장에서 현상유지에 치중할 가능성이 높다. 특히 소집단 간, 이해상충집단 간 분열이 심화될 경우 학내 소요의 요인으로 작용되며 각 그룹 간의 공통 분모만을 추구하는 소극적 행정과 총장 리더십에 국한될 가능성이 높다.

조직된 무정부 모형(organized anarchy model)

이 모형 체제는 총장이 권력을 행사하는 모형이 아니라 영향력 권력 밖에 위치하는 체제로서 총장의 권한은 리더가 제한적 범위 내에서 행사된다. 따라서 총장은 리더가 아닌 일하는 생산자(Productor)의 역할을 수행하게 된다. 그리고 구성원들의 복지나 안정을 위해 종사하는 후원자적 보호자(Guardian)의 역할을 요구받게 된다. 제한적 권력형은 때로 영향력 체제나 무정부적 권력모형으로 지칭될 수 있는데 제한적 권력형은 세부적으로 연성체제(soft model)와 경성체제(hard model)로 구분되기도 한다. 연성체제는 총장의 역할이 장기적 대학 안정과 관련된 정책이나 구성원들의 이해증진에 관여하는 의사결정자에 치중하고, 경성체제는 묵묵히 일하며 최소한의 리더십만을 발휘할 수 있는 체제이다. 이 모형에서 총장의 역할은 매우 제한적이라는 것이 특징이고 총장의 권한이나 영향력 또한 매우 제한적이다. 구성원들 간의 총장은 능동적 존재로 보지 않고 피동적 역할을 수행하는 존재로 인식하며(Cohen and March, 1986;p2) 상징적인 존재로서 역할 측면이나 통제 측면에서 큰 역할을 기대하지 않는 특성을 갖는다. 이뿐 아니라 총장은 무정부적 특성을 지닌 대학 조직 내에서 목표가 분명치 않고 목표가 분명치 않은 체계 내에서 집행책임자적 역할을 수행하는 대학 집행책임자(University executive)에 불과하다.

대학체제 모델과 총장의 역할

대학은 일종의 '조직된 무정부(Organiged anarchy)'적 특성을 가지고 있다. Cohen과 March(1974, 1986)는 대학의 통치모형을 분석하면서 대학은 타 조직과는 달리 무정부적 특성이 강하다고 주장한다. 대학이 조직된 무정부적 특성을 지닌 것은 세가지 이유 때문이라고 설명하고 있다.

첫째는 다양한 집단과 전공 체제의 조직적 특성 때문에 목표가 불확실하고 타 조직보다 일관된 단일목표를 추구하지 못해 변화되는 환경에 따라 다양한 아이디어로 집합된 느슨한 집합체(A loose collection)적 특성을 갖고 있어 무정부적 특성을 탈피할 수 없다는 것이다.

두 번째 특성은 효율적인 조직이 발휘하는 명료한 기법과 해결책을 갖지 못해 시행착오를 할 가능성이 높고 타 조직을 모방하거나 각기 다른 영역에서 추구하는 변화들을 모아 운영되는 조직적 특성 때문이라는 것이다.

특히 잘 통제되지 않은 다양한 집단들로 구성된 복잡한 조직적 특성 때문에 불분명한 해결기법(Unclear problem solving technique)을 가질 수밖에 없는 조직 특성을 갖는다는 것이다.

세 번째는 대학 조직 구성원들이 대학 발전에 기여하는 노력과 기여의 양이 각기 다르고 대학 발전에 기여하도록 표준적인 규칙을 강요할 수 없어서 엄격한 표준이 없고 개별 구성원들에게 자율적으로 맡길 수밖에 없는 유동적 참여(Fluid participation)적 특성을 가진 조직체라는 것이다.

이러한 '조직된 무정부'적 특성 때문에 대학의 효율성이 제한적이고 이 점에서 의사결정의 표준적 이론적용과 조직에 참여하도록 강화하도록 주의를 환기시키는 장치 그리고 대학이 갖는 특성에 맞는 새로운 경영 이론을 필요로 한다는 것이다. 코헨과 마치의 이론에 비추어 볼 때 대학 총장의 리더십은 이러한 조직 효율성의 가장 중요한 관건이라 볼 수 있다.

Cohen과 March의 이론에 비추어 조직 유형별 총장의 역할과 기능을 도식해보면 다음과 같이 요약될 수 있다.

대학 조직 특성과 총장 리더십

조직 모형	조직 특성	필요한 총장 리더십
행정적 모델	• 이사회의 역할이 강조됨. • 과정과 권한의 계층구조 존재. • 구성원들과 처우조건의 계약형태 유지 • 규칙에 의한 활동 • 분석과 설득을 통한 문제해결	• 경영자적 총장상이 요구됨. • 이사회의 경영평가에 의한 총장의 지위 변화 가능성 • 하부 조직 조정과 조직 일관성 추구가 중요함. • 중복과 낭비 해소를 통한 경영이 우선됨.
경쟁형 모델	• 경쟁적 자유시장 원리에 부응하는 것을 중요시함. • 경쟁적 환경에 대한 올바른 인식이 강조됨. • 대안 추구를 통한 지속적인 생존 전략 추구 • 대학 설립이 용이하고 대학 설립에 대한 인정이 상대적으로 쉬움.	• 기업가적인 총장상이 강조됨. • 조직구성원이 부여한 총장 권한을 최대한 활용하는 것이 중요시 됨. • 경쟁을 위한 다각적 정책 추구가 필수.
집단 교섭형 모델	• 대학 내 집단 간 상충되는 갈등이 상존하고, 갈등을 인정해야 함. • 대학 정책의 집단적 이해를 반영함. • 집단 간의 교섭을 중요시 함.	• 조정자로서의 총장상이 요구됨. • 총장은 타협과 문제해결 촉진자의 역할이 강조됨. • 집단간 교섭 결과를 추진하는 역할이 부여됨. • 결과 도출이 강조됨.
민주적 모델	• 구성원들의 선택이 중시됨. • 구성원들이 총장을 선출하는 권한을 가짐. • 구성원들의 의사 존중에 따른 경영이 우선. • 구성원들과의 제휴와 거래가 이루어지는 특성을 가짐.	• 정치형 총장상이 요구됨. • 지지자들에 대한 거래적 약속이행이 불가피함. • 지지그룹과 이익집단 요구에 부응하려는 역할 수행.

합의 모델	• 합의와 사회 압력 규칙 중요시함. • 의견수렴 후 대안 고려. • 의견일치 중시. • 공개결정 체제 유지	• 협의체 의장으로서의 총장상이 강조됨. • 합의, 권유, 합의사항 이행 등과 관련된 의사결정안의 관리 책임. • 의제 상정 등 역할과 결정 후 집행하는 역할 수행.
무정부 모델	• 구성원들의 자치적 의사결정이 중요한 특성임. • 교수들의 교수권과 학사운영권 인정. • 학생들의 학습권 인정. • 뚜렷한 목표 부재현상이 두드러짐. • 느슨한 통제체제. • 자율성 강조.	• 촉매자로서의 총장상이 요구됨. • 총장은 체제 운영에 관한 이해가 필수적 요건. • 경영 과정에서 관료주의적 체제와 탈 관료적 특성이 있는 지식조직간 조화가 중요한 역할로 인정됨.
독립적 사법 모델	• 통치기반이 없는 리더십 모형 • 임의적인 통치 권한이 부여되는 특성 • 임기제한이 없는 모델 • 구성원 이익보다 대학 평판을 중요시하고 평판중심 경영이 강조됨.	• 총장은 일종의 판단자 혹은 재판관(judge)과 같은 역할 리더십 • 구성원 이익 반영보다 대학 역사와 전통 유지를 중시하는 리더십
국민 투표형 독단적 모델	• 공동체의 위계에 의한 직선형 모델 • 구성원들의 지지가 중요한 기반이 되는 특성 • 의사결정과정과 리더십의 기반이 중요한 연관성을 지님	• 총장은 절대적인 권한을 행사할 수 있는 운영자(philosopher/king) • 의사결정 조직을 관장하고 의사결정과정에서 조정자 역할을 하는 리더십 • 총장 스스로 판단하고 행동하고 통치하는 독단적 리더십 유형

출처 : Cohen, M.D. and march, J.G. leadership and ambiguity. New york Mcgrow. hill.1986. (pp.30~49)

위에 제시된 대학 체제와 통치 모델은 총장의 역할과 통치기반 구성원들과의 관계 그리고 총장의 임명과정과 무관치 않다. 어느 모델이든 총장의 역할이 중요하다는 것을 강조하고 있지만, 총장이 구성원에 의해서 선출된 경우, 의사결정 과정이 매우 중요할 뿐만 아니라 다양한 의견이 수렴되지 못할 경우 매우 제한적인 권한만을 행사할 수밖에 없다.

그러나 공동체의 지지기반이 튼튼한 경우 의사결정에서부터 통치기반의 구축에 이르기까지 강력한 총장의 리더십을 발휘할 수 있다. 특히 구성원들의 선출형일 경우 의사결정과정이 원활하지 못하다는 취약성과 자원과 시간 그리고 노력을 상대적으로 소모할 여지가 크다고 볼 수 있다. 따라서 어떤 모형이든 총장의 효율적 리더십이 대학 발전의 관건이라는 점을 강조하고 있다.

총장들의 리더십은 총장 임면과정이나 선출제도와 밀접한 연관성이 있음을 알 수 있다. 이사회와의 관계, 대학 구성원들과의 관계나 대학공동체(지역사회, 동창회, 구성원, 의견개진그룹 등)와의 관계 등에 의해 개혁추진효과나 리더십의 효율성이 좌우된다. 따라서 대학 총장의 리더십은 대학 총장 본인의 자질도 중요하지만 총장 선출과정과 임명 그리고 면직 과정에 따라 큰 영향을 받기 마련이다. 미국이나 다른 선진국처럼 총장 자질이나 경험을 갖춘 총장 풀(president pool)이 있고 이렇게 자질이나 경험을 충분히 갖춘 총장 지원자들이 지원을 해서 대학을 옮겨가며 총장을 수행하는 경우와 달리, 우리나라의 총장 선출 과정은 아직 시험 단계라 해도 과언이 아니다. 자질을 갖춘 총장을 선별하는데도 성공적인 총장으로 직무를 수행할 수 있는 여건을 갖추는 데도 시간이 필요하기 때문이다. 더구나 4년, 3년, 2년 기간의 단임 총장이 많고 후임 총장에 의해 전임 총장의 실적이나 개혁 추진이 부정되는 현실도 허다한 실정이어서 장기적으로 총장직을 수행하는 데 한계가 있을 뿐만 아니라, 총장 자질이 부족한 경우 시행착오적 경영에 그칠 가능성 마저 배제할 수 없다.

따라서 총장의 리더십과 성취 수준은 다음과 같은 포뮬러로 변인들을 제시할 수 있다(이현청, 2021).

$$PL = f(UC \times PE \times IS \times HG)$$

물론 이 외에도 여러 가지 변인이 복합적이겠지만 총장의 리더십에 직간접적으로 영향을 주는 요인들을 공식화하면 위와 같이 정리될 수 있다. PL은 총장의 리더십을 의미하고, UC는 대학의 환경과 구성원들의 특성을, PE는 총장의 경험과 자질을, IS는 혁신의 전략을 의미하며, HG는 지원하거나 도움을 주는 그룹을 의미한다. 따라서 이 함수관계에서의 각 요인이 크면 클수록 총장 리더십의 성공 가능성은 높아진다고 볼 수 있다.

대학의 3인 체제와 총장의 역할

대학은 체제 면에서 인적 구성으로 볼 때 3인(人)체제라고 볼 수 있다. 즉 교수, 학생, 교직원이 주축이 되는 인적구성체제이다. 이 점에서 총장의 리더십에 비중과 역할 또한 인적구성 중 어느 인적구성집단에 더 치중하느냐에 따라 총장의 역할과 기능이 달라질 수 있다. 예컨대 교수집단에 의견과 권력을 더 줄 경우 교수집단의 권익과 교육과 연구 그리고 학생지도 등 사회봉사측면에서 학사운영을 강조하는 총장의 역할이 될 것이고, 이와 달리 교직원에 대한 의존도가 높을 때 총장은 행정 중심체제를 강조하는 행정형 총장의 역할이 더 강화될 수밖에 없다. 이와 달리 학생들에게 비중을 둘 경우에는 학생들의 학습과 학생들의 복지 그리고 학생들의 권익에 치중을 두는 학생 중심형 총장의 역할이 강화될 수밖에 없다. 이 점에서 총장의 역할은 3인 체제적 대학의 특성과 이들 이해집단들의 비중을 어떻게 할애하느냐에 따라 달라질 수밖에 없다. 한마디로 '행정형 총장(administrative president)', '학사형 총장(Academic president)', 그리고 '학생 중심형 총장(Student-based president)'의 역할로 대별될 수 있다. 이때 3인 체제가 균형적으로 협력을 추구할 때 총장의 역할은 효율적일 수 있지만, 3인 집단의 어느 집단에 이익을 지나치게 반영할 경우 자칫 갈등의 요소가 있을 수 있고 다른 구성 집단의 반발을 살 수 있어서 개혁 추구나 대학의 발전에 저해 요인이 될 가능성도 있다. 3인 체제 대학은 기능체제와 지원체제로 또 구분될 수 있지만, 3인 체제의 구성원들 모두 동일한 대학발전목표와 교육 목표를 추구할 때 대학은 지속적으로 발전할 수 있다. 3인 체제 대학과 총장의 역할을 도식해 보면 다음과 같다.

3인 체제 대학과 총장 역할

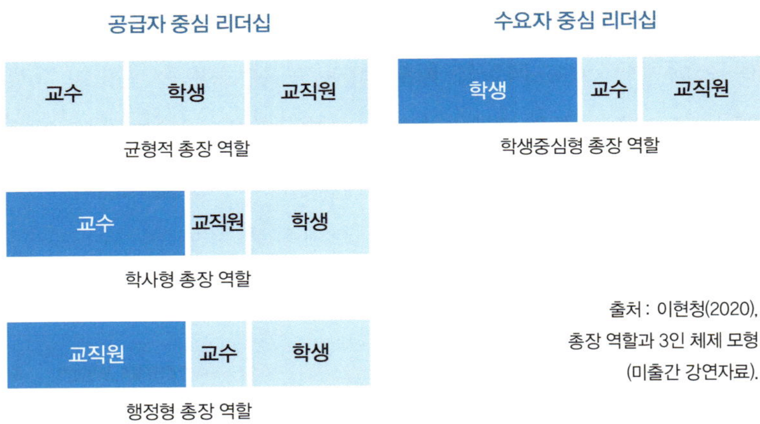

출처 : 이현청(2020),
총장 역할과 3인 체제 모형
(미출간 강연자료).

앞서 그림으로 나타낸 바대로 균형적 총장의 역할은 교수, 학생, 교직원의 역할과 기능 그리고 권력을 동일하게 분산하는 형태라고 본다면 학사형 총장 역할은 교수에게 보다 치중하는 총장의 역할이 불가피하고, 교직원에게 의지하는 경향이 클수록 행정형 총장의 역할에 해당한다고 볼 수 있다. 그리고 학생에 더 치중할 경우 학생 중심형 총장 역할로 전환될 수밖에 없다. 학사형 총장 역할이나 행정형 총장 역할은 '공급자 중심 리더십'에 해당하지만, 학생 중심형 총장 역할은 '수요자 중심 리더십'이라고 볼 수 있다(이현청, 1998, 2020).

2원 체제와 총장 역할

대학은 그 기능과 역할 면에서 2원 체제라 볼 수 있다. 즉, 교육과 연구, 봉사의 본기능을 수행하는 체제와 이 본기능을 수행하기 위해서 지원하는 지원 체제로 구성되어 있다. 교육, 연구, 봉사의 기능을 수행하는 체제는 대학의 기능체제(University functional system)라고 볼 수 있고, 이 시스템이 가장 효율적으로 유지될 수 있도록 지원하고 행정적 절차를 밟고, 그리고 기자재와 물적, 인적자원의 지원을 담당하는 지원체제(University supporting system)로 이원화할 수 있다. 따라서 기능체제와 지원체제 간에는 불가피하게 긴밀한 협조가 필요하고 이러한 협조가 원하지 않을 때는 대학의 효율적인 운영이 어려워질 가능성이 있다. 특히 지원 체제를 담당하는 핵심적 인적자원은 교직원이고, 이 교직원과 연관되어 있는 학교 내외의 지원체제가 존재한다. 핵심적 역할을 하는 교직원을 가리켜 'The third sector(제3섹터)'라 지칭하는데 제3섹터인 교직원의 역할이 전문성과 진취성에 기반을 두고, 대학교육 목표를 분명히 인식할 때 제3섹터의 역할이 극대화되고 이들의 지원을 통해 교육, 연구, 봉사의 기능체제가 양질의 교육과 연구 그리고 봉사를 수행할 수 있다. 특히 제3섹터를 소홀히 하거나 자기개발전략을 제대로 수행하지 않을 경우에는 자칫 행정적 매너리즘에 빠질 가능성이 있고, 형식적 교육 지원세력으로 존재할 수도 있다. 2원 체제를 그림으로 나타내면 다음과 같다.

2원 체제 모형

Chapter 5

—

총장의 리더십

리더십의 본질

인간존중[1]

- "조직과 부하에 대한 따뜻한 배려없이 카리스마만 넘치는 최고경영자(CEO)는 복종하는 직원(servant)을 만들 수 있을지 몰라도 마음으로 따르는 추종자(follower)를 얻진 못할 겁니다."

- 세계3대 헤드헌팅업체인 스위스계 이곤젠더의
존 그럼바(John Grumbar) 회장의 'CEO론'

---

1 김두연, 인간존중의 리더십이 필요하다(1), 벤처기업협회 협회지, 2007.01.

- 리더십은 이끌고 가는 것이 아니라 밀어주는 것: 우리가 처한 경영 환경은 시시각각으로 변하고 있으며, 구성원들의 능력과 욕구도 다양하다. 리더가 가지고 있는 지식과 경험에도 한계가 있다. 구성원들이 자기가 맡은 분야에서 최고의 능력을 발휘할 수 있도록 도와주고 밀어주는 것이 리더의 역할이다.

- 리더십은 나 중심이 아니라 상대방 중심: 내가 아닌 상대방이 움직이게 하는 것이 리더십이다. 구성원들을 스스로 움직이게 하려면 구성원들의 눈높이에서 생각하고 도와주어야 한다. 구성원들은 자신들을 한결같이 믿어주고 자신들의 입장에서 생각해주고 지지해주는 리더에게 무한한 신뢰를 보낸다.

- 리더십은 상대방의 단점을 보는 것이 아니라 장점 위주로 보는 것: 장점에 초점을 맞추는 리더는 상대방에 대한 인정과 칭찬을 자주 하게 되며, 자연스레 조직 분위기는 밝아지고 성과는 향상될 것이다.

신뢰[2]

- 좋은 조직에는 좋은 문화가 있고, 좋은 문화는 신뢰로 사람들을 연결해 준다. 리더는 사람과 사람을 이어주는 신뢰 사이에 있어야 본인을 가장 완벽하게 보호할 수 있다. 리더의 에너지를 의심이 아닌 신뢰에 집중할 수 있어야 리더십이 살아날 수 있다.

권력[3]

강압적 권력(coercive power)

- 리더가 구성원들에게 벌을 줄 수 있는 능력을 의미한다. 주요 수단으로서는 강등, 감봉, 해고 등 처벌 등이 있다.

보상적 권력(reward power)

- 구성원들이 필요로 하는 임금, 승진, 인정 등 그의 행동을 유인할 수 있는 보상을 제공할 수 있는 리더의 공식 및 비공식적인 능력을 일컫는다. 강압적 권력은 부정적 성격을 지닌 데 반하여 보상적 권력은 긍정적 성격을 지닌다. 주요 수단으로

---

2 신제구, [신제구의 '리더십 레슨'] 의심이 많은 리더가 불행한 이유, 포춘코리아, 2017.

3 블레인 리(장성민 역), 지도력의 원천, 김영사, 1999.

칭찬, 인정, 관심, 급료, 승진 등이 있다.

합법적 권력(legitimate power)

- 리더의 공식적인 권위에 의한 영향력을 의미한다. 주요 수단으로 규범, 절차, 정책, 직위 등이 있다.

준거적 권력(referent power)

- 구성원들로 하여금 존경심을 갖게 하고 매력을 느끼게 하는 리더의 개인적인 특성에 의하여 발휘되는 영향력을 말한다. 리더 개인의 카리스마, 정직성, 용기와 같은 특성이 이에 해당한다.

전문적 권력(expert power)

- 능력이나 전문적 기술, 지식 등 리더의 개인적인 실력을 통하여 발휘되는 영향력을 의미한다. 추종자들은 전문가에 신뢰성을 갖게 된다.

사례 : 조지 워싱턴 리더십의 원천[4]

- 형을 멘토로 한 자기개발: 독학으로 측량사 자격증을 취득한 후 정규직 측량사로 활동하며 번 돈으로 자신의 땅을 구입했다. 또한 버지니아 민병대에 자원해 장교가 되어 대령까지 진급했다, 형과 함께 성공한 젠트리, 성공한 군인, 성공한 정치인이 되고자, 나아가 영국으로부터 인정받기 위해 최선을 다했다.

- 독서: 워싱턴에게 독서는 자기개발과 밀접한 관련이 있었다. 자신의 부족한 교육을 독서를 통해 채워 나갔다. 농사와 군인생활에 필요한 책뿐 아니라 인간과 자연을 이해하고 자기성찰을 가능케하는 문학, 역사, 철학 등의 인문학 서적을 탐독하면서 인간을 정화시켜주는 최고의 도구인 '독서'를 통해 자기개발을 추구했다. 최고의 힘을 가진 자로서 워싱턴이 돈과 권련이 지배하는 폭력적 야만성을 버리고 겸손과 품격 높은 교양인으로 위대한 리더의 길을 간 것은 독서의 힘이었다.

---

4 김형곤, "조지 워싱턴의 리더십의 원천", 세계 역사와 문화 연구 0.43(2017) : 31–74.

기존의 리더십 모델[5]

특성이론(Trait Theory)

- 리더는 보통 사람들과 다른 자질이나 특성을 타고났다는 가정이 그 이론적 근거이다. 과거 리더십 연구에 큰 영향을 미쳤는데, 리더의 특성으로 성격적 특성(자긍심, 지배성 및 정서 안정성)과 정신적 능력(일반지능, 언어유창성, 창조성 및 사회적 통찰력) 등을 중시한다.

상황이론(Situational and Contingency Theory)

- 1960년대 이후 리더십의 성과는 리더의 특징과 특정한 상황이 상호작용한 결과에 의해서 형상화된다고 본다.
- 한 리더의 리더십이 A라는 조직에서는 충분히 발현되는 반면, B라는 조직에서는 A만큼 발현되지 않을 수 있다. 상황이론 학자들은 이러한 현상을 '상황(contingency)'이 다르기 때문이라고 파악한다.

---

5 박지민, 박나리, 문휘창, 다이아몬드 모델의 접근법을 활용한 경영인의 리더십 원천에 대한 고찰 : 현대그룹의 정주영 회장과 삼성그룹의 이병철 회장에 대한 사례 연구, 2012.08.

Porter(1990a, 1990b)의 다이아몬드 모델

- 노동 및 자본 등의 부존자원이 국가경쟁력을 높이는 것이 아니라, 끊임없는 혁신 과정을 통한 전략적 선택이 국가의 경쟁력을 강화한다는 주장을 기반으로 발전한 모델이다.

대학 총장 리더십의 요인

대학 경쟁력의 기초는 다음 일곱 가지 요인에 의해 결정된다(이현청 1994;2016).

첫째, 교육과정 혁신
둘째, 연구역량 강화
셋째, 경영혁신 대학문화 형성
넷째, 선진행정 시스템
다섯째, 총장의 장단기적 비전
여섯째, 하드웨어 기본 인프라
일곱째, 우수한 교직원

위의 기초 요인에 비추어봤을 때, 총장 리더십의 핵심은 '인재제일주의 정신', '효율적인 학습문화 조성', '대학 구성원들의 자기혁신'이라 할 수 있고, 변화와 협력을 추구하는 고객 차별화 정책을 통한 경쟁력 제고라고 볼 수 있다.

대학 리더십의 강화 요인으로서는 다음 다섯 가지를 들 수 있다.

첫째, 유연적인 사고

둘째, 구성원 능력 개발 역량

셋째, 조직문화 혁신 역량

넷째, 특성화 전략 역량

다섯째, 합리적인 의사결정 시스템

대학통치의 원칙과 총장의 리더십

(로조브스키 법칙[8], 코헨/마치 법칙[7])

교육통치[6]

- 일반적으로 교육 통치(governing)는 학교교육(정규교육)을 위해서 어떤 주체의 주도 하에서 ①교육 재원을 조달하는가, ②교육 서비스를 공급하는가, ③교육 활동을 규제하는가 등의 교육 관련 행위가 이루어지는가에 따라서 다음과 같은 유형으로 구분할 수 있다.

---

6 이만희, 한국의 고등교육 통치에서의 정부-시장 관계, 대학교육, 2003.

교육통치체제의 단순 모형

		조정(주도) 주체		
		국가	시장	공동체(시민사회)
교육 관련 행위	재원 조달	A	B	C
	규제 행위	D	E	F
	서비스 공급	G	H	I

자료 : Roger Dale(1997), "The State and the Governance of Education", p.275.

- 교육 관련 행위, 즉 재원 조달, 규제 행위, 서비스 공급 등이 국가의 조정(주도) 하에서 이루어질 때 '공교육 체제'라고 한다.

- 그 반대로 시장의 조정(주도) 하에서 이루어질 때 '사교육 체제'라고 한다.

- 예컨대 사교육 체제라고 함은 교육 재원이 시장에서 조달되고, 소비자의 선택 행위에 장애가 되는 규제가 철폐되며, 또한 서비스의 공급은 효율성을 지향하여 경쟁 원리 위에서 이루어지는 체제를 의미한다.

- 우리나라의 고등교육은 설립 주체별로 국·공립의 경우는 A+D+G가 조합된 통치를 받고 있고, 사립의 경우는 B+D+H 등의 통치 유형으로 구분할 수 있다. 통상적으로 학교교육을 공교육 체제, 학교 밖의 교육을 사교육 체제로 분류한다.

로조브스키[7]

(Henry Rosovsky, 동아시아 전문 경제 사학자, 하버드대 행정가)

- He said, "To become a world-class university takes a lot of time. There are simply no shortcuts and rapid growth never happens. It takes time. It takes generations. The task of building a great university is never simple. People tend to assume, and I have encountered this sort of thinking all over the world, that if they just sink enough money into a university, it will emerge in a few years as a first-class institution."

  (세계적 수준의 대학이 되기 위해서는 많은 시간이 걸린다. 지름길은 없고 빠른 성장은 결코 일어나지 않는다. 시간이 걸린다. 세대가 걸린다. 훌륭한 대학을 짓는 일은 결코 간단하지 않다. 전 세계적으로 이런 종류의 생각을 접했다. 만약 그들이 대학에 충분한 돈을 투자한다면 몇 년 안에 일류 기관으로 나타날 것이다.)

- He claimed that universities in East Asia should put emphasis on shared governance in order to reach the positions that they hope for. He said that the faculty needs to

7 Henry Rosovsky(Former Harvard dean), "Asian colleges should go beyond unproductive 'examination hell'", 아시아투데이, 2016.01.25.

be involved directly in the process of running the university and in the setting of priorities.

(동아시아의 대학들이 그들이 원하는 위치에 도달하기 위해 공유 거버넌스를 강조해야 한다고 주장했다. 그는 교수진이 대학 운영 과정과 우선 순위 설정에 직접 참여해야 한다고 말했다.)

- He stressed, "The greatest advances occur when governance is truly shared. Shared governance is often the critical element that is missing in Asian universities, no matter how talented the faculty may be. Either it is ministries of education that are trying to run things, or in private institutions--those who control the funds. Neither group knows much about teaching and research."

  ("가장 큰 발전은 거버넌스가 진정 공유될 때 일어난다. 공유 거버넌스는 교수진이 아무리 재능이 있더라도 아시아 대학에서 놓치고 있는 중요한 요소이다. 일을 실행하려는 것은 교육부이다. 또는 사립 기관에서 자금을 관리하는 사람들이다. 두 그룹 모두 교육과 연구에 대해 많이 알지 못한다.")

- He said, "I chaired a review committee of Seoul National University about fifteen years ago and I identified many problems concerning shared governance, problems that I have observed in Japan as well. Ministries need to step back and give faculties some breathing room."

("15년 전 서울대 심의위원회 위원장을 맡았고, 일본에서도 관찰 한 공통 거버넌스 문제를 확인했다. 부처는 한 발 물러서서 교수들에게 숨을 쉴 수 있는 공간을 제공해야한다"고 말했다.)

코헨 법칙[8]

협상의 3요소

1. 정보: 당신이 상대에 대해 알고 있는 것보다 상대 측이 당신에 대해 더 많이 알고 있을 것이라 생각하게 된다.
2. 시간: 상대는 당신처럼 조직의 압력, 시간의 제약, 최종기한 등과 같은 어려움이 없는 것으로 생각하게 된다.
3. 힘: 상대는 당신보다 더 많은 힘과 권위를 가지고 있다고 생각하게 된다.

- 힘은 자신이 원하는 대로 상황을 만들어 갈 수 있는 존재이다. 즉 힘이란 사람, 업무, 상황 그리고 자기 자신에 대하여 통제를 가해서 일을 처리할 수 있는 자질이나 능력이다.
- 하지만 당신의 힘이 언제나 일정한 크기를 갖고 있는 것은 아

8 허브 코헨(강문희 역), 협상의 법칙 1, 청년정신, 2011.

니고, 모든 힘의 크기는 그 힘을 쓰는 사람이 그것을 느끼고 믿는 정도에 달려 있다.

- 즉 당신이 힘을 가지고 있다고 생각하고, 삶의 과정을 협상의 연속이라고 보면 당신은 더 많은 힘을 가지게 된다.

어떻게 승리할 것인가

1. 경쟁의식을 유발하라.
2. 처음 거래를 시작할 때 너무 빨리 '이해'하지 마라. 만나자마자 자신의 지적 수준을 드러내 보이지 마라. 자기가 말하고 듣는 비율을 잘 파악하고 있어야 하고, 비록 답을 알 수 있을 것 같아도 오히려 질문할 수 있는 여유를 가져라.
3. 다른 사람들의 참여를 얻어내라. 그들로 하여금 행동을 취하게 하라. 그 행동이 당신뿐 아니라 그들 자신의 것이 되도록 만들어라. 관여는 참여를 낳는다. 그리고 참여는 힘을 낳는다.
4. 반대급부의 가능성을 얻지 못하면 상대방의 긴장을 풀어 주지 말라. 당신이 목표했던 것을 받아 낼 때까지 상대방을 혼란스럽게 하라.
5. 어떤 사람은 위압적이고 단점이 없어 보일수록 상대방이 더 많은 얘기를 해 줄 것이라고 생각한다. 그러나 혼란스러워 보이고 무방비 상태에 있는 것처럼 보일수록 더욱 쉽게 당신에게 정보를 제공하고 충고도 해준다.

트래시캔 모형

- 코헨(M. Cohen), 마치(J. March), 올슨(J. Olsen) 등이 주장한 이론이다.

- 정책결정이 일정한 규칙에 따라 이뤄지는 것이 아니라, ① 문제, ② 해결책, ③ 선택 기회, ④ 참여자의 네 요소가 쓰레기통 속에서와 같이 뒤죽박죽 움직이다가 어떤 계기로 서로 만나게 될 때 이루어진다고 보는 이론이다.

- 조직화된 혼란 상태(organized anarchy)에서의 결정을 다루고 있으며, 이러한 모형에 해당하는 조직의 예로는 대학사회, 친목단체 등이다.

- 조직 내의 상황이 다소 복잡하고 무질서한 상태(조직화된 무질서)에 있을 때 적용할 목적으로 개발된 의사결정 모형이다.

- 대부분의 조직들은 명확한 계층적 구조를 갖추고 있으며, 확실한 목표와 기술을 가지고 분명하게 파악된 문제들을 해결하기 위하여 자체 내의 의사(意思) 통일을 직권이나 구성원 간의 합의 또는 투표 등을 통하여 결정한다고 이해하는 것이 보편적이다. 그러나 이러한 생각으로는 복잡하고 급변하는 환경 하에서 발생하고 있는 현실 문제를 해결하기 어렵다고

보아 제시된 것이 '쓰레기통 모형'이다.

- 이 모형은 갖가지 쓰레기가 우연히 한 쓰레기통에 모여지듯이 네 가지의 구성 요소, 즉 문제·선택·해결·참여자의 흐름이 제각기 시간을 달리하며 우연히 한곳에 들어와 모여질 때 비로소 통일된 하나의 의사가 결정될 수 있는 것이라고 본다.

- '문제의 흐름(a stream of problems)'이란 사람들이 갖는 관심 사항을 뜻하고, '선택의 흐름(a stream of choices)'이란 결정을 위한 기회(계기)의 흐름을 말하며, '해결의 흐름(a flow of solutions)'란 문제에 대한 해결책을 가리킨다. '참여자의 흐름'이란 참여자로부터의 에너지의 흐름(a stream of energy from participants), 즉 조직의 참여자들이 바치는 노력의 정도를 뜻한다.

- 트래시캔 모형에서 가정하고 있는, 이른바 조직화된 무질서(organized anarchy) 상태는 오늘날 대학교나 공공 연구기관 등에서 쉽게 찾아볼 수 있어 이 모형의 필요성이 인정되지만, 그 적용은 일부 조직에서 일시적으로 나타나는 행태에 한정될 따름이라고 지적한다.

Clark Kerr

- 대학 총장은 학생에게는 친구이며, 교수에게는 동료이고, 졸업생에게는 '쓸 만한 친구'이고, 이사들에게는 건전한 경영자이며, 일반 대중에게는 탁월한 연설가이고, 재단이나 정부 관계기관에 대해서는 기민한 교섭자이며, 주의회에 대해서는 정치가이고, 산업계·노동계·농민에게는 친구이며, 기부자에 대해서는 설득력 있는 외교관이 되고, 일반적인 교육이라면 무엇이든지 알고 있으며, 직업훈련(특히 법률학·의학)을 지지하고, 신문 기자에게는 대변인이며, 자기의 연구 분야에서는 훌륭한 학자이고, 그 주에서나 국가적인 입장에서는 공복이며, 오페라이건 축구 시합이건 똑같이 박수를 보낼 줄 알고, 훌륭한 인격자이며, 좋은 남편이자 아버지이고, 열성적인 교회의 일원이 되어야 할 것이다. 무엇보다도 비행기 여행이나 공식 석상에서의 식사나 의식에 참석하는 것을 좋아해야 할 것이다.[9]

---

9 백형찬, 현대의 대학 총장, 대학교육신문, 2019.10.09.
이상주, 대학 경영 관리직 과정, 1997.
이현청, 대학 신임 총장 연찬 과정, 1997, 1998.

성공한 총장의 특성

총장의 리더십과 관련하여 장수하는 총장의 특성을 보면 '3信(자기신뢰, 타인신뢰, 조직신뢰)'을 유지하는 총장이라고 할 수 있다. 한마디로 자기혁신을 통한 끊임없는 신뢰 구축을 하는 리더라고 볼 수 있다(이현청, 1994).

자기혁신은 다음 여섯 가지의 기초 위에 가능하다. 이 자기혁신의 여섯 가지 기초는 장수하는 총장의 기본 덕목이라 해도 과언이 아니다. 장수하는 총장의 경우에는 늘 긍정적인 사고와 타인 이해에 기초한 혁신을 지속적으로 추구한다는 점을 알 수 있다. 여섯 가지의 자기혁신의 덕목은 다음과 같다.

첫째, 긍정적 사고

둘째, 소중한 것을 먼저하는 사고

셋째, 목표를 흔들림 없이 확고히 추구하는 사고
넷째, 상호이익을 모색하고 사익보다 교익(敎益)을 추구하는 사고
다섯째, 적극적 경청을 통한 효율적 커뮤니케이션 사고
여섯째, 타인 이해를 중요시하는 '너 먼저' 사고

대학은 다양한 전공과 다양한 인재와 각기 다른 학생들이 모두 모여 교육효과를 추구하는 교육공동체이다. 이러한 점에서 리더는 대학의 생존전략을 유지하는 핵심 위치에 있고, 총장의 역할 여하에 따라 대학이 쇠락하거나 번창할 수가 있다. 리더십에 관련된 핵심적 어록들을 몇가지 정리해 보면 다음과 같다.

자신을 리드할 수 없다면 타인을 리드할 수 없다. — 이현청
능동적 변화는 성공의 핵심 키워드이다. — 빌 게이츠
도전 정신이 100% 연소되지 못한 자신을 제일 싫어한다.
— 손정의
다르게 생각하라. 그리고 내가 좋아하는 일을 찾으라.
— 스티브 잡스
기업은 사람이다. — 이건희
한 사람의 꿈은 단순한 꿈이지만 만인이 꿈꾸면 현실이 된다.
— 칭기즈 칸
내 앞에서는 상식을 논하지 말고 불가능을 입에 담지 말라.
— 칭기즈 칸

단 1%의 희망만 있어도 달린다.

— 랭스 암스트롱(암 투병 자전거 미국 횡단자)

성공한 총장의 특징

- Padilla 연구 사례: Padilla(2005)는 6명의 미국 대학 총장에 대한 사례 분석을 통해 성공한 총장의 특징을 제시했다.
  - 그의 연구에 따르면, 이들 총장들은 유년기와 성년 초기를 거치면서 ①탁월한 지적 능력, 의사소통, 대중연설 관련 재능과 경험, ②열심히 일하면서 시간 관리의 가치에 대해 학습하는 경험, ③여행을 통한 다른 문화 경험, ④의사소통 기술과 역량 개발 기회, ⑤의미 있는 멘토를 가진 경험, ⑥동료들과 차별화되는 탁월한 성취, ⑦자신이 속한 기관의 리더 집단에 초기에 인정받는 경험을 가지고 있었다.
  - 성공한 총장들의 특징에는 ①자신이 속한 조직 문화와 공동체에 대한 이해, ②양질의 대인관계, ③오랜 시간 효과적으로 일할 수 있는 능력, ④낙관주의 및 불굴의 의지, ⑤기업과 외부 환경에 대한 이해, ⑥조직 문화에 맞는 경영 스타일, ⑦강력하고 신뢰할 수 있는 동료 및 효과적인 팀과 함께 하는 재능이 포함되었다.

- Byman 연구 사례: Byman(2007)은 대학 등 고등교육에서 효과적인 리더 행동을 문헌 분석을 통해 제시하였는데 효과적인 리더는 ①명확한 방향, 전략, 비전을 제시하고, ②방향에 맞게 조직을 정비하며, ③교직원을 배려하며, ④공정하고 진실하게 교직원을 대하고, ⑤신뢰할 수 있고 윤리적이며 진정성을 지니고 있었다고 밝히고 있다. 이와 함께 효과적인 리더 행동 특징들을 보면 ⑥구성원에게 의사결정 참여 기회를 제공하고, 열린 의사소통을 장려하며, ⑦조직이 나아갈 방향에 대해 소통하고, ⑧학문적 신뢰성을 가지는 역할 모델이 되며, ⑨긍정적이고 동료적인 근무 분위기를 조성하고, ⑩대학 내외에 조직 위상을 알리며, ⑪성과에 대해 유용한 피드백을 제공하고, ⑫연구를 위한 자원을 제공하고 업무량을 조정하며, ⑬학과 명성의 향상을 위한 학문적 약속을 한다고 결론 내고 있다.

- **성공적 리더십 발휘에 영향을 미친 총장 개인 요인**

  공통적 개인 요인

  - 다양한 행정 경험과 준비된 리더십 총장
    - 면담 참여자들은 공통적으로 총장직 수행 전에 다양한 기관을 경영한 경력을 가졌거나 교내 행정 경험으로 조직 운영에 필요한 지식이나 역량을 축적하고 있었다.
  - 강한 책임감과 소명의식
    - 면담 참여자들은 전·현직 총장으로서 대학 조직을 운

영하는 데 강한 소명과 책임감을 보여주었다. 총장을 맡게 된 경로는 달랐지만, 공통적으로 대학을 운영함에 있어 개인적 이익 추구를 지양하고 대학 발전에 대해 깊이 고민하였음을 알 수 있었다.

- 학생을 중심에 두는 대학 행정
  - 공통적으로 대학 운영의 중심에 학생을 두고 있었다. 학생들에 대하여 보다 깊은 관심을 가지고 지속적으로 소통하며, 학생 의견을 대학 경영에 반영하려고 노력하였다.

성공적 리더십 발휘에 영향을 미치는 대학 환경 특성

공통적 환경 요인

: 위기의 대학 환경 ; 무관심한 교수 집단 ; 애매한 대학의 사명

- 위기의 대학, 그러나 이를 기회로 전환시킨 리더십
  - 산업·기술 부분의 급속한 변화, 대학 입학자원 감소에 따른 구조조정 압박, 원격강좌 보급과 대학 간 경쟁 고조가 대학들이 공통적으로 당면한 문제라고 하였다. 성공한 리더들은 이러한 위기 상황을 심각하게 인지하고 있었으며, 재직하거나 하였던 대학에서 이를 강조할 수밖에 없었다고 밝혔다.
- 무관심한 교수 집단, 대의명분과 진정성을 앞세운 설득
  - 총장들은 모두 리더십 발휘 과정에서 겪는 어려움으로 교수 사회의 문화를 지적하였다. 앞서 여러 선행연

구들을 통해 대학 교수직은 고도의 전문직이고, 교수 집단은 전형적인 이완결합 체제의 성격을 띠고 있음을 확인했다.

  - 비록 교수들이 변화에 둔감하거나 저항하더라도 설득이 되거나 명분 때문에 한 번 동기가 부여되면 대학의 발전을 위해 헌신하는 집단이었고 이러한 특성을 대학 경영에 활용하려고 노력했다고 밝혔다.

- 대학의 사명, '교육이 주된 사명'
  - 모두 우리 사회가 요구하는 훌륭한 인재를 양성하는 것이 대학이 수행해야 할 사회적 기능이라고 밝혔다. 이러한 관점은 그들이 대학의 비전과 경영 목표를 수립하고 리더십을 발휘하는 과정에서 직접 또는 간접적으로 영향을 미쳤으며, 이러한 노력이 대학이 발전하고 성공하는 밑거름이 되었다고 밝혔다.
  - 대학의 제도적 역할이 교육이고, '학생 중심, 교육 중심 대학'을 표방하면서 이를 대학 경영 방침의 핵심으로 삼았다는 특징을 가지고 있었다.

● 성공적 리더십 발휘 과정에서 나타난 총장의 특성

공통적 리더십 발휘

- 명확한 비전과 목표의 공유
  - 대학들이 마주하고 있는 공통적 위기 상황을 극복하고 개별 대학이 가진 고유한 문제를 해결하기 위해서

대학 경영의 구체적인 목표와 비전을 수립하는 것이 가장 중요하다 인식하고 있었다.

- 대학 발전 동력으로써 정부 재정지원 사업 수주
  - 재정지원 사업을 통해 대학 개혁에 필요한 재원을 확보할 뿐만 아니라, 사업 계획 수립과 시행 과정에서 대학 비전과 경영 목표를 재정립하고, 학생들의 성장과 발전에 필요한 다양한 프로그램을 개발하거나 운영하였다.
- 대학 구성원과 민주적이고 활발한 의사소통
  - 공통적으로 구성원들과 민주적이고 다면적인 의사소통을 하려고 노력하였다. 그들은 무정부적 조직이라는 특성이 있는 대학을 근본적으로 변화시키려면 구성원의 인식 변화와 참여가 필수적이라는 것을 인지하고 있었다. 이들은 지속적으로 구성원들과 소통하고, 이를 통해 비전과 목표를 공유하고자 하였다.
- 투명하고 진정성 있는 대학 운영
  - 투명하게 대학을 경영하고 진정성 있는 태도로 대학 발전을 위해 노력한 것이 성공 요인이었다고 말했다. 특히 대학 구성원의 신뢰를 얻기 위해서 대학 경영과 관련된 모든 정보를 공개하였다. 이뿐만 아니라 무엇보다 재정 부분의 투명성을 강조하였다.
- 신뢰할 수 있는 유능한 참모 집단의 보유와 활용
  - 총장들은 리더십을 효과적으로 발휘하기 위한 전제

조건으로 유능한 참모집단의 구성을 들었다. 총장들은 이들과 긴밀히 협력한 것이 대학 총장으로서 리더십을 발휘하고 실제 변화를 만들어 내는 데 효과적이었다고 말했다.[10]

- **21세기의 리더십 : 카리스마가 아니라 자기를 낮추는 소통과 조화의 리더십**
  - 조직원을 따듯하게 어루만지는 배려와 격려의 따듯한 손길을 내밀 수 있어야 함.

출처: 전자신문, 권상희 정책담당 차장, 2011.04.13.

리더로서의 총장의 덕목(총장 명심보감)[11]

(1) 비교우위에 집중하기보다 비교열위를 해결하라.
(2) 위기관리하지 말고 리드하라.
(3) 치명적 위기는 강점으로부터 나온다는 것을 명심해라.
(4) 창조경영시대는 기초와 융합에 집중하라.
(5) 집중과 분산의 지혜를 살려라.

---

10 배상훈, 김성열, 전수빈, 윤수경(2018), 한국 대학 총장의 리더십 사례, 교육행정학 연구, 36(1) : 195–223.

11 해낭록, 동아일보 미래전략연구소, 2010. 이현청, 리더십 특강 자료, 2010 ; 2005 ; 2003.

(6) 최고가 최고가 아니다. 만족을 취하는 결정이 최고이다.

(7) 전략혁신을 추구하라.

(8) 당근과 채찍의 양면전략을 적절히 구사하라.

(9) 위기 속에 성장 기회가 언제든지 다가온다는 것을 잊지 마라.

(10) 혁신전략 성과와 평가를 주기적으로 시행하라.

(11) 위기관리의 해답은 의사결정과 의사소통이다.

(12) 총장의 경영철학이 곧 대학 문화라는 것을 잊지 마라.

(13) 회의는 의사결정하는 곳이 아니다. 아이디어 회의로 전환시켜라.

(14) 의미 없는 특성화는 의미 없는 브랜드를 만든다.

(15) 자기성찰을 위해 끊임없이 독서하라.

(16) 인적자원이 대학 최상의 경쟁력이다.

(17) 구조조정대상자도 따뜻이 감싸라.

(18) 성장보다 지속가능한 전략이 최우선이다.

(19) 대학의 경쟁력의 키워드는 다양성이다.

(20) 간섭을 최소화하라.

(21) 대학 성장의 답은 양보다 질에 있다.

(22) 모두 만족시키는 리더는 모두 실망시키는 리더가 된다는 것을 잊지 마라.

(23) 총장이 혼자 리드하면 창의성을 죽인다.

(24) 세상에서 제일 큰 그릇은 미완성이라는 것을 잊지 마라.

총장의 리더십 유형과 자질

총장의 덕목

- **총장 리더십의 공통적인 덕목**[12]
  - 비전과 꿈, 창조적 사고, 대학의 생존전략 우선순위를 선택할 수 있는 능력, 전문가적인 자질, 개방된 의식, 국제적 감각
  - 교육경영자로서의 CED(Cooperative Education Designer)형 총장이 되어야 함
  - 재원확보에 다각적인 노력 필요

12 이현청(2020), 대학 혁신과 리더 없는 교육 공동체(서울예술대 혁신포럼 미발간 특강 자료).

- **대학 총장 리더십의 덕목**

(1) 대학 총장은 비전과 꿈을 가져야 한다.

(2) 대학 총장은 창조적 사고를 가져야 한다.

- 천편일률적인 모방이나 양적 팽창에만 관심을 두지 않고, 총장이 변화를 유도할 수 있는 아이디어 창출과 개혁을 위한 키워드

(3) 대학 총장은 대학의 생존전략 우선순위를 선택할 수 있는 능력 있고 전문가적인 자질을 가져야 한다.

- 대학의 생존전략을 위해서는 대학특성화가 관건, 특성화를 위해 전략 우선순위를 선택할 수 있는 전문 능력. 교육에 대한 진솔한 이해와 대학교육에 대한 종합적인 안목이 필요

(4) 대학 총장은 개방된 의식을 가져야 한다.

- 열린 의식은 진취적 사고를 위한 기초, 21세기의 변화에 적응하기 위한 총장 리더십의 주요 덕목

(5) 대학 총장은 국제적 감각이 있어야 한다.

- 세계화의 흐름이 대학 패러다임 변화를 유도하는 원동력이 되고 있으므로 국제적 감각과 어학 능력을 갖추어야 함

(6) 대학 총장은 교육경영자로서의 CEO형 총장이 되어야 한다.

- 교육경영자로서의 CEO형 자질: 교육경영의 의미는 일반 회사나 행정부의 CEO적 자질과는 달리 각 전공영역 간에 조율과 협력, 그리고 양질의 교육과 연구의 수행에 앞

장서는 그러한 덕목을 소유한 총장

(7) 대학 총장은 재원 확보에 다각적인 노력을 하여야 하고, 그 기대에 부응해야 한다.

- 대학의 재정문제는 대학이 존재하는 한 해결하지 않으면 안 될 절체절명의 과제

출처: 대학교육, 이효계

총장이 키워야 할 감성지능 5가지

① 자아인식능력
② 자기관리능력
③ 타인의식능력
④ 타인관리능력
⑤ 감정이입능력

출처: 김현기, 감성리더를 과감히 쫓아내라

총장 리더십의 새로운 패러다임 : 섬김의 리더십

- **탈권위적인 수평의 리더십 : '서번트 리더십(servant leadership)'의 적용**
  - 구성원들이 그 어떤 목표를 향해 갈 수 있도록 봉사에 초점을 두면서 학생과 학부모, 교직원과 대학 주변에 있

는 커뮤니티를 우선으로 그들의 욕구를 만족시키기 위해 헌신, 봉사하는 리더십.

- 구성원들의 욕구를 명확히 잘 알고, 이해하고, 그들의 이야기를 경청하는 자세와 차원 높은 이해심으로 그들의 감정을 이해하고 보살펴줄 수 있는 헌신 봉사의 자세, 자원을 잘 관리하며 구성원들에게 인간존중을 바탕으로 다른 구성원들에게 잠재력을 발휘할 수 있도록 뒤에서 도와주고 앞에서 이끌어주는 리더십.
- 구성원들이 스스로 역량을 개발할 수 있는 환경을 조성, 인간적인 배려와 공감대가 형성될 수 있게 하기 위해서 상호 간의 경청, 공감, 설득의 과정이 지속적으로 이루어져야 함. 권력이 있고 권위가 있는 총장일수록 겸손해야 하고 진실이 통하는 '신뢰와 믿음'을 구성원들에게 주어야 함.
- 총장 리더십의 본질은 사랑: 사랑은 인간 상호간의 바람직한 신뢰를 구축하는 최선의 실천 행위, 근본적으로 사람들 사이의 관계를 만드는 행위이기 때문에 총장은 '사랑으로 경영'해야 함.

출처: 이대학보, 이현청, 2018

위기관리총장

- **고등교육법 제 15조 대학 총장의 역할**
  - '교무를 통괄하고 소속 교직원을 감독하며, 학생을 지도하는 학교조직의 대표자'로 규정

- **일반적으로 대학의 총장에게 기대되는 역할**
  - 대외적으로 대학을 대표
  - 기금 등 대외적 지원을 유치
  - 대내적으로는 대학행정을 민주적으로 원활히 수행하는 것

    :이러한 역할수행을 위하여 대학 총장에게는 학문적 업적과 덕망은 물론 탁월한 경영 및 정치능력이 요구되고 나아가 국제적 감각까지 강조됨.

- **구체적인 대학 총장의 역할 : 대학내에서 변화 촉진자, 미래지향적인 역할과 임무**
  - 대학의 발전과 변화에 대한 분명한 방향감각
  - 공동체적 목적의식을 제공할 수 있는 대학의 비전을 창출하는 일
  - 대학발전 및 변화에 대한 전체적인 계획을 수립
  - 총장은 대학 조직 체제를 하나의 협동적 문화 공동체로 재구성

- 대학 조직의 민주적, 자율적, 개방적 분위기 조성과 아울러 대학 경영 체제가 국제적 감각과 미래 지향적 체제를 갖추게끔 하는 것

- **환경이 아무리 급변해도 사회에 필요한 인재를 양성한다는 대학의 기본적인 역할은 달라지지 않도록 해야 함.**
  - 대학의 역할은 학생들을 실력과 인성을 모두 갖춘 인재로 키우는 것

- **물리적인 힘보다는 덕목에 의해 대학을 이끌어 가야 함.**
  - 민주적이고 수평적 운영으로 조직을 이끌기 위해 대학 구성원인 교수, 직원, 학생들이 자율적으로 열정을 가질 수 있도록 도움: 전체 구성원이 신바람이 나서 교수는 연구를, 직원은 업무를 또 학생들은 학업에 전념할 수 있게 하는 것.
  - 구성원능력의 극대화는 총장이 구성원들의 요구사항에 항상 귀를 기울이는 자세로부터 출발
  - 대학 총장이 그의 역할을 성공적으로 수행하기 위해 대학 내외의 여러 집단의 협력이 적극적으로 동반되어야 함.

출처: 서울과기대신문 사설, 2015.10.05.

- **하버드 대학 서머스 총장의 2002년 개혁안과 시사주간지의 충고**
  - 학부 교육의 질 향상을 비롯해 하버드대가 주도하는 국가 개혁, 케임브리지와 보스턴의 제2실리콘밸리화 등.
  - 이 계획은 일부 교수의 지지를 받는 데 그치며, 광범위한 저항에 부딪힘.
  - 그때 시사주간지 '비즈니스위크'는 "서머스는 사람 다루는 기술부터 다시 배울 것"을 충고.
    - ▶ 총장의 자질 가운데 불편부당(不偏不黨)의 중요성을 시사하는 대목.

- **대학 총장의 리더십**
  - 창업가형, 자유방임형, 변화주도형, 민주적 여론수렴형
  - 창업가형 : 대학이 위기에 처했을 때 스스로 역할을 창조하는 스타일
  - 자유방임형 : 대학이 의도하지 않은 방향으로 자연스럽게 발전하도록 놔두는 유형
  - 변화주도형 : 비전을 설정하고 이를 이루기 위해 역량을 집중하는 형태
  - 민주적 여론수렴형 : 모든 결정이 밑에서부터 의견 수렴을 통해 이뤄지도록 하는 리더십

- **지방대 총장의 자질과 역할로 강조되는 유형은 CEO형**
  - 위기 상황에 처해 있는 작금의 지방대 현실: 경영을 책임지고 있는 총장이 변화와 개혁을 주도해야 함.
  - 강원대 전국 첫 국립대 총장 공모제 도입

    출처: daily university's line, 장기영 강원일보, 2012.04.29.

MBO 총장

- **대학의 총장은 MBO 총장이어야 한다**
  - 도덕적 덕망과 학자로서의 소양을 지닌 진정한 교육자
  - 탁월한 행정 능력의 소유자
  - 대학의 자율성 확보를 위해 '할 말은 할 줄 아는' 총장
  - 대학조직의 구심점으로서의 역할을 함.
  - 장기적인 대학발전을 위해 교육경영자로서의 역할을 잊지 않고 합리적인 목표를 세우며 효율적으로 추진

- **교수가 바라는 총장상**
  - 대학마다 설립 배경과 이념, 학교 역사와 전통, 조직 체제와 규모, 위치와 종류에 따라 각기 다른 특성과 환경을 지니고 있으므로 대학 총장의 이상형을 단정지어 말하기는 어려움.

    ▶ 어떤 유형이든 기본적으로 교수가 바라는 총장상은 존재
  - '이런 사람은 총장이 되어서는 안 된다': 총장의 도덕성

문제 – 연구비 횡령, 교비 횡령, 음주운전, 재산 형성 과정 문제 등

• 대학 총장은 최고 지성인 집단의 수장으로 학문적으로나 도덕적으로 사회의 존경을 받는 인물이 되어야 함.

• 자신의 이익보다 학교, 국가를 생각하는 사람이 되어야 함.

- 대학의 위기를 극복하는 총장의 리더십

• 우리나라의 경제 규모는 세계 12위지만 대학경쟁력은 OECD국가 중 최하위권

• 개혁의 시대: 사회의 거의 모든 분야가 그렇듯이 대학도 급변하는 국내외적 환경에 대응하기 위해 혁신과 개혁을 요구

• IMD(세계경쟁력 연감)에 따르면 조사 대상 60개국 중 우리나라의 국가경쟁력은 29위인데 비해 대학교육 경쟁력은 52위로 매우 낮음

- 미국의 고등교육지(『The Chronicle of Higher Education』)가 꼽는 대학 총장이 갖추어야 할 능력 세 가지 요소

⑴ 지도력(leadership)

⑵ 좋은 대인관계(interpersonal relations)

⑶ 그 대학의 목표와 전통을 잘 알고(connection with the mission and understanding of the culture of the institution) 있어야 한다는 것

출처: 대학교육, 정해룡(전국국공립대학교수회 연합회장)

21세기형 총장

- **21세기 지식정보사회에서 변화하는 대학의 역할, 총장에 대한 더 많은 요구사항**
  - 총장은 기본적인 학문적 소양이나 인격적 덕망 외에 글로벌 경쟁시대에 알맞은 국제적 감각과 CEO형 재정확충 능력까지 갖추기를 기대.
  - 심지어는 정부의 정책적 사안에 대해 정치적 판단이나 역량까지도 강조.
  - 한마디로 우리나라의 총장은 멀티플레이어의 역할을 하도록 요구받고 있음.
  - 국제경쟁력을 갖춘 세계의 대학을 만들기 위해 발전기금도 많이 거두어들이고, 내부 혁신도 해야 함.

1 행정 능력을 갖춘 총장

- 대학의 경영자로서 인사 및 행정·재정의 전문가적 역량 필요.
- 교수들이 바라는 총장은 대학의 최고 경영자로서 미래의 비전을 제시하고 탁월한 행정 능력의 소유자이어야 함.
- 통찰력과 정확한 판단력 아래 자신의 대학의 특성에 맞게 발전계획을 수립.
- 그러나 대학을 개혁한다는 명분으로 효율성과 이윤 개념을 강하게 도입하는 시장 우선의 논리를 단호히 물리칠

수 있는 신념을 가져야 함: 교수는 대학공동체에 분열과 반목을 야기하는 섣부른 개혁을 배격하기 때문.

2 할 말은 하는 총장

- 대학의 자율성 확보는 대학발전을 위한 시급한 과제.
- 한국 고등교육 전반에 대해 적극적으로 의견을 개진, 대학의 본질에 반하는 타율적 교육정책에 대해서는 과감하게 거부할 수 있어야 할 것.
- 대부분의 총장들은 교육인적자원부의 정책이나 요구에 적극적으로 대응하기 보다는 오히려 앞장서서 따르거나 전혀 대응하지 못한 것으로 인식하고 있음.
- 대학발전을 가로막는 잘못된 교육정책에 대한 거부 없이 지금의 대학은 거듭날 수 없음. 눈치보고 변명하는 총장이 아니라 '할 말을 하는' 총장을 교수들은 존경함.

3 대학 조직의 구심점이 되는 총장

- 교수는 독선적 밀어붙이기식 행정을 하는 총장을 원하지 않는 동시에 무원칙한 온정주의와 적당주의를 배격.
- 항상 열려 있는 자세로 대학 구성원의 의견을 경청하는 자세가 필요.
- 의사결정 과정에서 민주적 절차가 중요, 구성원들과 진지하게 대화할 수 있는 총장.
- 특히 대학이 혁신의 소용돌이에 빠질 때 대학 구성원들

간에 갈등이 생기기 마련, 이때 총장의 성숙한 의사소통 리더십으로 구성원들의 자발적 참여를 이끌어내는 것.

- 조직 위에 군림하는 관리자보다는 조직의 구심점에 서서 의견 수렴을 통해 비전을 실천하는 총장.

4 CEO로서의 총장

- 우선적으로 정부의 고등교육 예산의 증액을 적극적으로 요청함과 동시에 독자적으로 대학발전을 위한 경영적 마인드를 갖추어야 할 것.
- 그러나 발전기금 모금이나 재정확보 능력만이 최선의 자질은 아니며, 교육경영자로서의 CEO 역할을 잊어서는 안 될 것.

5 MBO 총장

- 다양한 도전 속에서 대학 총장은 구성원들의 능력을 집약시켜 능동적으로 대학 개혁을 수행할 수 있는 책임감과 지도력, 추진력.
- 합리적인 목표를 세우고 이를 효율적으로 추진해 나가는 MBO(Management By Objectives) 총장.
- 구성원들의 힘을 효과적으로 집결시키기 위해서는 구성원들의 목표와 대학의 목표를 일치시켜 구성원 스스로 최선을 다하게 하는 것이 중요.
- MBO 기법이 성공하려면 총장은 모든 구성원의 목표를

효과적으로 찾을 수 있는 능력을 갖추어야 함.

- 급속한 변혁으로 그 목적을 달성하기보다는 시간이 걸리더라도 꾸준히 구성원들을 설득해서 바람직한 변화를 이룩해야 함.

앞서 총장의 유형을 편의상 6가지 유형으로 리더십과 관련해서 구분을 해 왔지만 기본적으로 한국 대학 총장 유형은 전직기준으로 네 가지 유형으로 대별될 수 있다.

첫째는 캠퍼스내 학자 출신형 총장유형과 종교 관련 대학의 성직자형 총장 유형 그리고 국립대 중심의 학자 출신 유형, 사립대 중심의 정관계 퇴직 공직자 위주의 관료형 총장유형으로 대별될 수 있다. 우리나라 대학 총장의 유형을 시대별로 보면 초창기에는 저명학자 출신이, 그리고 성직자형 출신과 학내학자 출신 그리고 정관계 퇴직 공직자나 설립자 관련 사학자 위주의 총장 출신으로 변화되어 왔다. 특히 최근에는 관료 출신의 총장이 증가하는 추세였으나, 2010년 이후부터는 이러한 추세가 다소 둔화되어 가고 있는 것이 현실이다.

총장상의 변화

권위적 총장 → 거물 학자형 총장 → 행정가 관리자형 총장 → 조정자 중재자형 총장

출처 : 이현청(2003 ; 1998), 대학 총장상의 변화(대학교육협의회 신임총장 연찬회 자료).

글로벌 대학 향해 뛰는 한국 교육 이노베이터

교육의 미래 가꾸는 한국의 우수대학 총장들

대학을 둘러싼 환경이 급변하고 있다. 학생 수는 줄어들고 정부의 구조개혁 압박은 날로 거세진다. 글로벌 경쟁은 치열해지고, 산업계가 요구하는 기술은 눈 깜짝할 사이에 바뀐다.

이런 위기 상황일수록 대학을 이끄는 리더십의 중요성은 더욱 커진다. 총장의 혜안과 추진력이 대학의 성쇠를 가르는 경향이 점점 심해지고 있다(김희균, 동아일보, 2014).

격변기에 한국 대학을 바꾸고 있는 대학 총장들의 핵심적 화두는 다음 몇 가지로 정리될 수 있다고 기사에서 쓰고 있다(동아일보, 2014.03.27).

혁신과 변화를 이끄는 주도적인 역할을 하는 총장

선택과 집중, 그리고 이에 대한 과감한 투자를 통해 변함없는 추진력을 발휘하는 총장.

대학의 변함 없는 역할은 인재 양성이라는 관점에서 인재양성 교육에 매진하는 총장.

구조개혁에 전념하며 시대에 맞는 대학으로 변신하려는 혁신주도형 총장.

출처: 동아일보, 김희균, 2014.03.27.

http://news.donga.com/3/all/20140326/62012026/1

출신과 성향

한국 대학 총장들의 출신과 성향에 대해서 교수신문기자인 안길찬(2001)은 다음과 같이 기술을 하고 있다.

"언제부턴가 대학은 고매한 인격을 소유한 총장보다는 당장 발벗고 나서 재원을 조금이라도 더 끌어 올 수 있는 총장을 선호하기 시작했다. 학식이나 덕망을 중요한 덕목으로 삼던 전통적 총장상은 퇴색하고, 경쟁시대를 맞아 경영가·행정가·조정자적 총장상이 부상하고 있다. 대학 총장의 위상이 바뀌고 있는 것이다. 총장의 위상 변화는 대학의 역할과 기능변화를 대변한다. 대학교육이 교양교육 중심에서 실무·기능교육 중심으로 바뀌고 있는 것도 결국 총장들의 경영마인드 변화에서 시작된 것이다."라고 기술하고 있는데 이 기술은 한국 대학 총장들의 출신과 성향의 변화를 잘 지적하고 있다고 볼 수 있다.

총장은 대학이 처한 시대적 배경과 관련해서 특성을 달리할 수 있다. 특히 우리나라의 경우는 선진국의 오랜 대학 역사와는 달리 1980년 후반을 기점으로 양적 팽창이 급격히 이루어져 왔고 대학의 발전사 또한 몇몇의 대학을 제외하고는 50년 미만의 대학들이 대다수이기 때문에 대학의 역사와 대학이 위치한 지역 그리고 설립목적과 특성에 따라 총장의 특성 또한 달라져왔다. 그러나 일반적으로 대학의 이러한 특성을 감안해 볼 때 우리나라 대학의 발전상과 무관치는 않다. 우리나라 대학 총장들의 발전상과 특성을 크게 구분해 보면 다음과 같다.

한국 대학 총장의 유형

권위적 총장 → 거물 학자형 총장 → 행정가 관리자형 총장 → 조정자 중재자형 총장 → 혁신 대학 총장 DBL총장

출처 : 이현청(2020), 4차 산업사회와 리더십(4차 산업혁명과 대학의 미래 : 학지사).

위 표에서 볼 수 있듯이 초기 대학들은 권위적 총장상이었다고 보면 대중 고등교육화된 이후에는 학자형, 그 중에서도 특히 학자로서의 명성을 지닌 분들이 학자형 총장이었고, 보편고등교육화된 이후에는 행정가 관리자형 총장이 등장한 후 현재는 조정자 중재자형 총장상이 일반적인 경향이라고 볼 수 있다.

엘란 네비슨이 주장한 "새로운 유형의 총장은 창의적 지도자라기 보다는 조정자이며 출중한 행정가이고 능숙한 중재인"이라는 주장은 이제 우리 대학의 현장에서도 쉽게 찾아볼 수 있다. 다만 오늘날 4차 산업사회에서는 창의적 지도자가 더 중요해졌다고 하는 변화를 주목할 필요가 있다. 한국 대학 총장의 유형을 보면 다음과 같이 크게 네 유형으로 나눌 수 있는데,

- 학자 출신
- 정관계 퇴직 공직자 출신

• 성직자 출신
• 설립자 관련 재단 관계자

국립대학의 경우에는 직선제의 영향으로 외부인사보다는 학내의 학자 출신이 많은 반면 사립대학의 경우에는 설립자와 관련된 사학 관계자가 주요한 유형에 속한다. 그리고 이러한 특성에서 다소 애매한 대학의 경우에는 정관계 퇴직 공직자를 총장으로 영입하는 경우가 많다. 한동안은 관료출신 총장이 증가한 때도 있었고, 전문가형 총장도 있었으나 근래에 들어서는 총장의 임기가 상대적으로 길어진 측면이 있어서 총장의 유형 또한 다양화되고 있다고 볼 수 있다.

출처: 교수신문, 안길찬, 2001.05.16.

http://www.kyosu.net/news/articleView.html?idxno=683

한국 대학 총장의 지위와 역할

일반적으로 총장의 지위와 역할에 대한 것은 국내외가 공통적인 측면도 있고 한국만이 가지고 있는 독특한 측면도 없지 않다.

대학 총장의 직무역할은 고등교육법 제15조에 '교무를 통괄하고 소속 교직원을 감독하며, 학생을 지도하는 학교조직의 대표자'로 규정되고 있다.

현재 대학 총장의 직무역할은 국내외 학자들에 의해 매우 다양하게 제시되고 있는데, 대학 총장의 평가에 대한 요소들을 살펴보면 한국 대학 총장의 지위와 역할을 알 수 있다.

- 행정적 지도성 및 운영 능력
- 대외관계 조절능력
- 자금 및 기부금 조달 능력
- 학내 재정 및 재무관리 능력
- 대외관계 관리 능력 등을 제시했다.

또한 서울대학교가 마련한 대학 총장의 공약사항에 대한 평가보고서는

- 민주적·자율적 대학운영
- 교육제도의 개선 및 내실화
- 연구능력 제고와 지원체제 강화
- 국제화와 사회공헌
- 복지수혜의 확대와 다변화
- 에코캠퍼스와 연구기반 시설

등 여섯 개 평가항목을 담고 있다.

출처: 경북대신문, 이지윤, 2014.05.26.

http://knun.net/news/pdf_down.php?no=1536&page_no=8&type=ezview

Chapter 6

—

성공한 총장 리더십

성공한 총장의 필수 덕목

대학 총장의 효율성과 총장의 리더십에 관한 연구를 수행한 많은 학자들, 예컨대 Fisher(1988), Tack(1996), Wheeler(1996) 그리고 김성진(2003) 등은 장수하는 총장이라 할 수 있는 효율적인 리더십을 발휘하는 총장의 필수 덕목을 제시하고 있는데 이들 덕목은 다음과 같이 요약될 수 있다.

(1) 대학 내에서 특정 구성원이나 특정 집단에 의존하지 않고 구성원들 예컨대 교수, 학생, 교직원과의 적절한 사회적, 심리적 거리 유지를 하는 총장
(2) 항상 구성원들의 존경을 받도록 노력하며 일시적 인기나 특정인들과의 우호관계 또는 친소관계에 의존하지 않는 총장
(3) 혁신지향적 총장

(4) 현실보다 이상과 비전에 치중하며 시대적 비전과 미래 비전을 추구하는 총장
(5) 높은 이상과 목표, 윤리의식을 갖춘 총장
(6) 과정보다 결과, 수단보다 목적, 양보다 질을 존중하고 이에 따른 성과급 시스템을 운영철학으로 삼는 총장
(7) 대학 내 각 직책과 역할을 존중하고 이들의 견해를 경청하며 자신의 언어와 감정을 통제하는 총장
(8) 사교적이고 민첩하며 늘 미소와 따뜻한 말을 즐겨쓰는 총장
(9) 부드러운 카리스마형 총장
(10) 총장의 다양한 업무를 위해 정해진 근무시간과 관계없이 늘 고민하고 성실하게 일하는 총장
(11) 정해진 행정체계와 시스템을 존중하되 필요에 따라 유연성을 발휘해 활성화하는 총장
(12) 다년간 연구와 교육, 독서를 통해 많은 지식과 경험을 축적한 경험이 많은 경륜자 총장
(13) 대외적으로 인지도가 높고 강연, 글 등을 통해 대중에게 알려진 총장
(14) 캠퍼스뿐만 아니라, 캠퍼스 외에서 널리 알려져 전문가로 인식되는 총장

부가적으로 Fisher나 Kocher (1996) 등은 효과적인 총장 리더십을 발휘하는 장수하는 총장의 또다른 측면을 제시하고 있는데 다음 몇 가지로 정리될 수 있다.

(1) 인상관리에 주의하고 늘 좋은 인상을 갖도록 노력한다.

(2) 도덕성과 윤리성을 유지해야 한다.

(3) 토론을 장려하고 의사결정과정에서 편견을 제거하는데 노력해야 한다.

(4) 논쟁이 벌어질 경우에는 합리적 합법적 논쟁을 유도해야 한다.

(5) 자신감은 언제나 실력에서 나온다는 확신을 가져야 한다.

(6) 구성원들이 총장의 확실한 입장과 때로는 강한 총장상을 선호한다는 것을 잊지 말아야 한다.

(7) 항상 창조적이고 반성적 사고를 해야 한다.

(8) 인내심은 모든 것을 해결하는 길이라는 것을 명심해야 한다.

(9) 자기이익보다 공익을 우선해야 한다.

(10) 질의응답식 토론회에 참석을 삼가야 한다.

(11) 약자중심, 낮은자 중심 대우를 우선해야 한다.

(12) 총장은 총장직을 내려놓고 떠나면 아무도 기억하지 않는다는 것을 잊지 말아야 한다.

(13) 원칙을 중요시해야 한다.

(14) 캠퍼스 내에는 총장의 실패를 기다리는 보이지 않는 반대자가 항상 있다는 것을 잊지 말아야 한다.

(15) 캠퍼스를 순찰하여 시설 등을 직접 살피는 습관을 길러야 한다.

(16) 화내지 말아야 한다.

(17) 피곤하다는 말 이외에는 다른 말은 하지 말아야 한다.

(18) 임기 중 그만둔다는 말은 절대 하지 말아야 한다.

(19) 캠퍼스에 사람 관리가 가장 중요하다는 것을 잊어서는 안 된다.

(20) 중요한 것은 항상 메모하는 습관을 길러야 한다.

성공한 총장 사례 : 교수수련회 특강자료(이현청, 1994, 숙명여대 용인연수원)

- **하버드 대학 총장 찰스 엘리엇(Charles W. Eliot)의 부임**
  - 1636년 설립된 이후 200년간 하버드는 지방 전문대학에 머물렀으나, 1869년 찰스 엘리어트의 부임 이후 도약의 발판을 마련함.
  - 35세의 젊은 나이에 총장으로 부임해 하버드 대학 총장 역사상 가장 긴 40년 동안 재임하며 하버드를 세계적인 대학으로 발전시킴.
  - 하버드를 연구중심대학으로 변모시킴.
  - 획일적으로 강요되던 라틴어와 고전문학 대신 산업화와 도시화에 필요한 과목을 도입하고 선택의 폭을 넓힘.

- **하버드를 벤치마킹한 타 대학들**
  - 엘리엇의 개혁을 본뜬 미국의 대학들은 세계적인 학교로 발전
  - 미국 유명 대학은 총장이 장기 재임한 곳이 다수
    - 존스홉킨스 대학 초대 총장이었던 다니엘 길먼(Daniel

C. Gilman) : 25년간 재임

- MIT의 칼 콤프턴(Karl T. Compton) : 18년간 재임
- 캘리포니아공과대학(칼텍)의 로버트 밀리컨(Robert A. Millikan) : 25년간 재임

- **(위의) 장기재임한 성공한 총장들의 공통점**
  - 대학이 도약할 수 있는 발판을 마련
  - 개혁을 통해 대학의 비전을 설정, 전문성을 갖춘 대학으로 키움
  - 독재에 가까울 만큼 강한 리더십을 발휘

▶ 하지만 이러한 리더십은 19~20세기의 리더십, 다른 목소리를 인정하지 않는 과거의 리더십은 벽에 부딪힐 수밖에 없다.

총장리더십의 장애 요인
(구조적 측면과 인적 측면)

대학은 가장 분권화된 복합체의 하나이다. 이러한 체제적 특성 때문에 총장의 리더십 또한 체제의 얼개라 볼 수 있는 구조와 밀접한 관련이 있다. 특히 의사결정 과정에 따라 총장 리더십이 제대로 발휘될 수도 있고, 상당한 수준으로 약화될 수도 있다.

총장의 리더십 장애 요인에 있는 세 가지 신화

- 지나친 참여기회 부여
- 지나친 합의존중 사고
- 지나친 민주적 리더십

합의존중, 참여기회 부여, 민주적 리더십이 최상의 총장 리더십이라는 잘못된 신화는 총장의 리더십에 가장 큰 장애 요인이 된다(Fisher & Koch, 1996. p.58).

이러한 신화 이외에 총장 리더십의 장애 요인은 다음과 같이 열거할 수 있다.

① 대중적인 지배에 과도하게 의존하고 이를 존중하는 대중적인 지배의존성
② 구성원들의 의사를 민주적 집단 의사로 잘못 오해하는 경향성
③ 총장이 리더의 역할보다 특정 집단의 보스나 특정 집단의 헤드로 행동하는 경향성
④ 지나친 합의에 기초한 의사결정 구조(Green 1988, Bimbium 1992, Walker 1979)
⑤ 총장 스스로를 특정 집단의 대변자나 특정 이익 집단의 문제해결자로 인식하는 경향
⑥ 총장직 자체의 지위가 약한 기관에서 출발하거나 약한 기반에 근거하고 있을 때
⑦ 전문적 지식이 부족한 총장일 때
⑧ 총장의 역할에 대한 이해 부족
⑨ 총장으로서의 전문적 지식에 기반한 카리스마가 부족할 때
⑩ 비전과 원칙이 부족할 때
⑪ 교수집단에 지나치게 의존할 때

⑫ 이사회에 지나치게 의존하거나 눈치를 볼 때
⑬ 국가 대학정책 전반에 대한 이해수준이 낮을 때
⑭ 합리적 사고와 판단 능력이 부족할 때
⑮ 지속적인 자기개발 노력이 부족할 때

총장의 리더십과 대학에서의 CEO 역할에 관해 버클리대학 총장을 지낸 클락 커(Clark. kerr)와 Marian gade가 공저한 『대학 총장들의 수많은 삶(The Many Lives of Academic Presidents, 1986)』에서는 대학 체제 유형과 총장의 리더십에 관련된 내용을 다루고 있다. 이 저서는 카네기재단에서 연구비를 지원하고 미국 워싱턴 DC에 있는 미국 대학의 거버닝보드(governing boards) 협회에서 발행한 책이다. 이 저서를 요약하면 다음과 같다.

미국 대학 총장직은 지금 시험에 직면하고 있다. 대학 총장이 되고자 하는 사람들의 특징들에 대해 관심을 갖고 또 대학 총장들이 얼마나 오랫동안 대학에 재직하고 있는지 그리고 대학의 총장직을 그만 둔 후에 어디에서 무엇을 하는지에 관한 관심을 가지고 대학 총장직에 대한 논의가 이루어지고 있다. 이뿐만 아니라 총장의 업무와 성취수준에 영향을 주는 내외적인 요인들이 무엇인지에 관한 관점 또한 논의가 되고 있다. 800명의 총장과 그들의 반려자 그리고 측근들을 인터뷰하여 기초한 분석에 의하면 '총장은 대학을 변화시킬 수 있고(President make a difference, strength, leadership, college and university) 대학과 2년제 대학에서의 강력한 리더십으로 대학을 변화시킬 수 있다'

라는 결론을 내리고 있다. 24명의 대학 총장들의 간략한 노트에 의하면 리더십에 다양성이 있다는 것을 밝히고 있다. 총장들이 추구하고 수용하고 거절하는 총장들의 이유가 밝혀지고 있는데, 이유를 이 책에서 지적하고 있으며 신임 총장들의 경험과 대학 총장과 일반 회사에 CEO 간의 차이점 그리고 유사성, CEO 그룹의 책임과 이사회, 그리고 총장의 핵심적 책임에 관해서 논의하고 있다. 이뿐만 아니라 총장에게 요구되는 기법, 우선순위 전략, 총장에 의해서 체험되는 스타일, 총장에게 영향을 주는 역사적인 경향, 그리고 외부적인 영향력, 예컨대 공적인 규정, 학생과 스탭들의 내부적 영향력 등에 관해서도 논의하고 있다. 특히 네 유형의 총장 모델을 제시하고 있고, 11개 유형의 대학 Context에 관해서 논의하고 있다. 그뿐 아니라 총장 초빙위원회에서 선호하는 총장 선출의 기준과 요인, 이와 관련된 자료들을 참고로 제시하고 있다.

커(kerr)와 게이드(gade)가 제시하고 있는 총장상들을 예를 들면, 권력모형 총장(power model), 합의모형(consensus model), 다중심모형(polycentric model)과, 조직된 무정부 모형(organzed anarchy model)으로 분류하여 제시하고 있다.

세계의 대학 총장
: 성공한 총장

M.D.Cohen(1974)과 J.G.March(1986) 두 학자는 미국 대학의 46명 총장들의 사례연구에서 대학 총장들의 특징, 태도, 업무습관 등을 정리해 기술하고 있는데, 이들에 의하면 성공한 총장들의 공통된 특성과 미국 대학 총장들의 평균적 모습을 알 수 있다. 또다른 연구인 James L. Fisher와 W. Tack 그리고 Karen J. Wheeler 등은 연구를 통해 '성공한 총장', '효과적인 총장'상에 대해 분석하고 있다. 코헨 등의 연구는 미국 총장들의 공통된 부분을 분석했다고 본다면 피셔 등의 연구는 이러한 공통된 부분과는 달리 미국 대학 400명의 총장들의 사례분석을 통해 효과적인 총장에 관해 분석하고 있다. Fisher(1988) 등의 연구결과를 보면 당시 미국 대학 총장 2,800명의 15%만이 효과적인 총장이라고 결론을 내리고 있다. 특히 효과적인 총장

과 그렇지 않은 총장간의 차이는 '리더십의 철학(Leadership philosophy)'의 차이라고 결론을 내리고 있다. 성공한 총장들의 핵심적 덕목은 구성원들의 지지를 받는 강력한 리더십과 교육적 실천력을 지니고 있으며, 구성원들을 배려하는 리더십을 갖고 있다는 것이다. 다시 말해 강력하고 교육적 실천력을 가지며 구성원들을 배려하는 리더십 철학을 바탕으로 총장직을 수행한다는 데 특징이 있다.

성공한 총장들의 사례는 다음 몇 대학 총장들을 통해 살펴볼 수 있다.

미국

엘리엇(Charles William Eliot)

- 엘리엇은 하버드대의 21대 총장으로 1869년부터 40년간 재직
- 평범했던 하버드를 세계적인 대학으로 변화시킨 총장
- 하버드를 공간적, 제도적으로 많은 발전을 꾀하여 대학 캠퍼스가 탄생했고 학생들이 듣고 싶은 과목들을 선택하는 시스템이 도입됨으로써 커리큘럼을 개편하고 확대해서 학생들에게 다양한 선택가능성을 제공했다(김화진, 2018).
- 이는 학생들이 자신의 적성에 맞는 공부를 할 수 있게 하기 위해서였다.
- 엄격한 학업 평가와 학점 부여 제도가 만들어졌으며, 하버드

는 입학시험제도를 도입해서 신입생을 선발하기 시작했다(김화진, 2018).

허친스(Robert Hutchins)

- 1929년 시카고 대학의 제5대 총장으로 취임하면서 "시카고 플랜"을 실행
- "시카고 플랜"은 세계의 고전 100권을 읽게 하는 독서교육프로그램으로 교양교육은 선택이 아닌 민주시민의 의무라고 생각하여 시작하였으며, 이에 대한 대학 내의 반발에도 불구하고 목표를 관철시킴.
- 허친스 총장은 평범한 대학에 불과한 시카고 대학을 세계 명문 대학으로 도약시키는 초석을 마련하였고, 30대 초반부터 장기간 총장으로 재임하면서 오늘날의 시카고 대학을 만드는 데 절대적인 기여를 한 총장임.

클락 커(Clark Kerr)

- UC 버클리 대학 12대 대학 총장으로 대학 총장의 역할을 ① 대학 목표를 설정하고 이끌어가는 '지도자' ② 대학 문화를 계승·발전·창조하는 '창조자' ③ 교직원과 학생의 교육·연구·봉사활동을 위한 최적의 환경을 조성하고 인사행정에 대한 합리적인 '조정자' ④ 교직원, 학생, 시설, 재정을 효율적으로 행정·경영하는 '관리자'로 총장의 역할과 책임을 규정한

바 있다.[1]

- 클락커 총장은 행정가로서의 대학 총장뿐만 아니라 고등교육을 발전시키는 데 지대한 공헌을 한 고등교육 학자이기도 하였다.
- 클락커 총장은 세계에서 인정하는 최고의 고등교육 전문가로서 많은 저술활동을 통해서 대학의 이념, 이상, 혁신 그리고 거버넌스체제 등에 대해서 많은 지혜를 제공한 업적을 가지고 있다.

영국

존 후드(John Hood)

- 2004년 영국 옥스퍼드 대학의 제 295대 총장을 취임
- 기업체, 대학, 스포츠계에서 활동한 보기 드문 경력의 소유자이며, 옥스퍼드에서의 최초의 외부인 출신 총장으로 기업식 경영기법을 도입하여 대학 경쟁력 강화를 위한 개혁을 도모

세인즈버리(David John Sainsbury)

- 세인즈버리 총장은 노동당원으로서 영국 토니 블레어 정부 집권 당시인 1998년부터 2006년까지 '과학혁신부' 장관을 지냈다.

---

1 이춘수, [계산동에서] 경북대 총장 선거에 부쳐, 매일신문, 2006.06.13.

- ‘기업가 정신에 의한 창조적 파괴’로 요약되는 슘페터식 혁신이 경제성장을 이끈다는 것이 세인즈버리 총장의 생각이다.
- 그는 “영국도 10~20년 전에는 안정적 직업을 선호하는 경향이 있었지만 미국 실리콘밸리 성공 신화 등이 널리 퍼지고 창조와 혁신을 중시하는 분위기가 만들어지면서 상황이 달라졌다”고 전했다.
- 영국대학들의 상대적으로 보수적인 대학풍토를 혁신과 산학협력 등 과학 혁신 대학으로 만드는 데 크게 기여를 하였다.

앤드류 해밀턴(Andrew Hamilton)

- 옥스퍼드대 총장으로 대학과 같은 고등교육일수록 틀에 박힌 사고를 벗어난 창의성 교육이 절실하다고 보고 있으며, 학생들이 전공 공부를 할 때도 기존에는 없었던 연구 방식으로 고민하는 것이 중요하다고 보고 이러한 대학 가치와 이상 그리고 기능을 혁신하는 데 크게 업적을 남겼다.

독일

베른하르트 아이텔(Bernhard Eitel)

- 2007년 10월 하이델베르크 대학 총장 부임 후 6년 임기를 재임(2007년 10월~2019년 9월)하고 지난 3월 다시 연임이 결정됐다.

- 1386년 학교설립 당시 대학들이 신학이나 법학 등 단일 학부로 출발한 것이 일반적이었던 데 비해 하이델베르크대학은 종합대학으로 융합연구의 밑그림이 그렸고, 이런 역사적 배경으로 인해 하이델베르크대학은 학제 간 융합연구가 학교의 문화이자 전통으로 자리잡았다.[2] 하이델베르크 대학은 이러한 혁신을 바탕으로 융합연구를 장려하고, 융합연구의 분위기를 조성하기 위해 많은 노력을 기울이고 있다.

피히테(J. G. Fichte)

- 베를린 대학이 설립되자, 피히테는 철학교수가 되었고, 초대 총장으로 선출됨.
- 1800년대 말 철학자 요한 고트리이프 피히테가 베를린 아카데미에서 행한 연설을 모은 책 "독일 국민에게 고함"에서는 피히테는 1807년 12월 31일 독일이 놓인 역사적 상황을 반성하는 것에서 시작해 1808년 4월 20일까지 매주 일요일 마다 14회에 걸쳐 연설을 진행하였으며, 이는 당시 피히테의 반성과 절규는 국민의 심금을 울렸다.[3]
- 피히테는 "누군가를 가르치는 입장에 있다면 당신은 어떤 어려운 상황에 있다고 해도 학자로서의 사명을 다해야 한다"고

---

2 박종문, [대학혁신의 길II－독일을 가다. 2] 하이델베르크대학, 영남일보, 2019.05.28., 수정 2019.07.09.

3 양동욱, [기자의 눈] 피히테, 국가개조에 대해 고(告)하다, 뉴스1, 2014.05.13.

주장하였다.[4]

베른트 후버(Bernd Huber)

- 뮌헨공대 현재 총장
- 뮌헨대학교는 독일에서 두 번째로 큰 규모의 대학으로 지식 세계화에 있어 해외교류가 핵심이라고 보고 학문, 학생간의 교류를 촉진하기 위해 전 세계에 걸쳐 우수한 대학, 연구기관과 긴밀한 관계를 적극 추진하여 산학연 등 연구와 교육 분야에 성공을 거두고 있다.[5]

일본

오쿠시마 다카야스(奧島孝康)

- 와세다 대학 제14대 총장 역임
- 와세다大는 1980년대 이후 재정난으로 인해 연구환경이 삼류라는 이야기를 들을 정도로 정체되어 있었지만 1994년 오쿠시마 다카야스(奧島孝康) 교수가 총장으로 부임하여 8년간 체질개선 작업을 벌인 끝에 와세다 대학은 다시 명문 사립대

4 홍석기, 「오늘도 계획만 세울래?－작은 목표 하나라도 무조건 달성하라」, 원앤원북스.

5 김유경, 뮌헨대, 연구 성과 세계적… 노벨상 다수, 동대신문, 2012.10.14.

로 우뚝 섰다.[6]

- 오쿠시마 전 총장은 와세다대의 전통에 미국식 교육의 역동성을 접목하였고, 재무구조를 개선하고 연구중심 대학으로 돌아가는 것에 중점을 두었다.
- 분산되어 있는 연구소를 분야별로 취합하여 연구효율성을 높이고, 학부를 통폐합하고, 커리큘럼을 재편성하고, 대강당 수업을 소그룹 수업 체제로 늘렸다.
- 외부 출신 비율을 기존 20%대에서 40%대로 늘렸다.
- 글로벌(Global)과 로컬(Local)을 추구했다.

하마다 준이치(濱田純一)

- 2009년 4월 도쿄대 총장에 취임하고 핵심 가치로 도쿄대의 글로벌화를 내걸었다.
- 이를 위해 '봄 입학제'에서 서구 대학과 같은 가을 입학제로의 전환을 추진하였다. 이는 서구대학과 다른 학제로 인해 학점 인정이나 원활한 교류를 방해하는 장애물이 발생하지 않도록 하기 위해서이다. 또한 가을입학제는 서구 사회의 갭 이어(gap year)와 같이 학교를 사회와 잇는 다양한 방안이기도 하다고 보았다.
- 경제위기 때문에 일본 산업계는 연구 분야에 투자를 하지 못

---

6 이근미, 일본 10년 불황을 이긴 사람들 ① 오쿠시마 총장의 와세다 大學 개혁, 월간조선, 2004.12.

하고 있으며 산업계가 사회에 비전을 제시할 수 없는 상황으로 보고 대학이 다양한 지식과 기술을 통해 앞으로 사회가 어떻게 나아가야 할지 길을 보여줘야 한다고 이러한 혁신을 추진하였다.[7]

사토미 스스무(里見進)

- 도호쿠대학 21대 총장
- 연구 제일주의, 문호 개방, 실학 존중의 사명을 내걸고 사회에 직면한 과제를 해결하고자 하였으며 세계화에 따른 국제 경쟁에 맞서 대학 기능의 강화, 글로벌 인재 육성을 위한 개혁 시도
- 대학을 지식의 창조와 사회의 공공재로 보고 학술기반을 풍부하게 다지면서 교육·연구 수준을 높이면서 인재를 키워가고자 하였다.

호주

글린 데이비스(Glyn Davis)

- 멜버른 대학 총장
- 1981년 멜버른 대학의 예산 가운데 정부 지원이 차지하는 비

7 서울대 이장무 총장 e-총장실, 동경대 하마다 준이치 총장과 대담, 2009.06.18.

중은 90%에서 2005년에는 23%로 줄어든 상태에서 수업료 인상, 유학생 모집, 기업 보조 등으로 충당하는 고뇌에 찬 혁신을 추진하였으며, 한국에서 인기 높은 '최고경영자(CEO)형 총장'보다는 '아카데믹형 총장'을 선호하는 호주 대학들의 문화 속에서 이러한 아카데믹형 총장으로 자율적 예산과 전략형 집중투자를 통해 교육의 질을 제고하는 혁신을 추진한 대표적 총장이다.

마이클 스펜스(Michael Spence)

- 시드니대 총장을 10년 넘게 재임한 현 총장
- 실용학문 중심의 대학 발전 철학을 교육과 대학 운영에 반영
- 대학은 학문적인 답과 함께 사회의 문제에 대해 다양한 답을 찾는 곳이라는 생각으로 복합적인 훈련의 필요성 강조하며 다양한 분야의 학문을 접목하는 방향으로 중점으로 두고 있다. 이를 위해 학생들에게 전공과는 무관하지만 제2,3,4의 언어를 배우도록 하고 해외에서 공부할 수 있는 경험을 제공하고 있다.[8]
- 최근에는 대학기금을 10억 호주 달러(한화 8000억 원 이상)를 모금함으로써 호주에서 대학기금을 가장 많이 달성한 대학으로 성과를 발휘하기도 했다.

---

8 김리선, [인터뷰365 단독 인터뷰] 김두호가 만난 시드니대 스펜스 총장, 인터뷰365, 2020.06.22.

데이비드 곤스키(David Gonski)

- 뉴사우스웨일스 대학의 현 총장
- 호주는 뒤처진 호주교육 현실을 혁신하기 위해 호주 대학 혁신을 주도한 총장 중 한 사람임. 호주 정부와 대학들은 호주교육 혁신을 위해 곤스키 총장의 제안을 수용하기로 함.
- 곤스키 2.0 보고서에는 "각각의 교과목에서 학습 진행 상황을 설정하고 커리큘럼을 변경할 것"과 "학생들이 미래에 필요한 기술을 습득하도록 돕기 위해 11학년과 12학년 교과 과정을 재검토할 것"을 담고 있으며 교사들은 학생이 8살이 되기 전에 기본적인 사항들을 확실히 갖출 수 있도록 읽고 쓰는 능력과 산술 능력에 우선순위를 두는 방안이 포함되어 있다.

Chapter 7

실패한 총장 리더십

실패하기 쉬운 총장의 특성

어느 총장이든 임기 동안 대학을 위해 헌신하고 봉사하며 대학 발전을 위해 노력하지 않은 총장은 없다. 그러나 그러한 노력에도 불구하고 대학조직과 문화 기본 여건 등이 뒷받침되지 못해 훌륭한 결과를 이루지 못한 경우도 많다. 특히 구조적 어려움과 대학이 위치한 환경적 요인 등으로 하여 성공을 거두지 못한 경우도 많다. 그럼에도 실패한 총장의 특성을 보면 개인적 특성과 여건적 특성 그리고 이러한 특성이 복합적으로 작용한 경우도 있다. 실패하기 쉬운 총장의 특성을 열거해보면 다음과 같이 정리될 수 있다.

① 임기 내에 모든 것을 다 할 수 있다는 생각을 가지고 있다.
② 한 번만 하는(One term) 총장이라는 생각을 가지고 있다.

실패하기 쉬운 총장의 함수

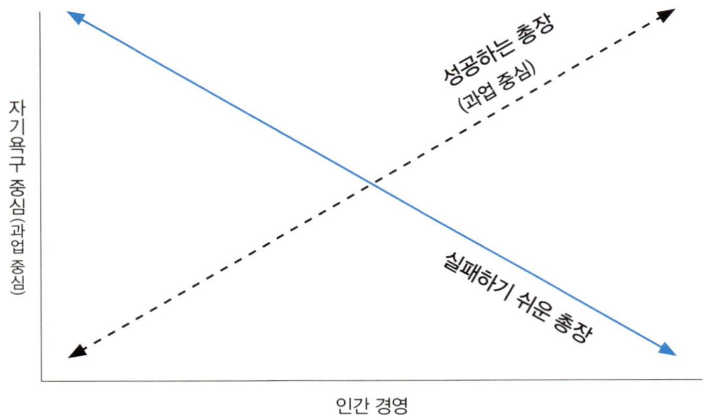

③ 교수단체와 노동단체를 내부의 집단을 넘어 외부적으로 만드는 실수를 범한다.

④ 학생을 고객이 아닌 피교육자로만 생각한다.

⑤ 학생은 미래의 동창회 멤버라는 것을 잊고 있다.

⑥ 교수를 동반자로 인식하지 않고 귀찮은 존재로 생각한다.

⑦ 교수는 논리적으로 합당하면 쉽게 협조하는 좋은 파트너라는 것을 잊고 있다.

⑧ 작은 것까지 모두 감독하려는 시어머니 총장으로 생각한다.

⑨ 총장은 천의 얼굴을 요구하지만 총장이 되어야 할 이유 한 가지 얼굴로 승부하려 하지 않는다.

⑩ 과거는 지울 수 없는 낙서와 같다는 것을 인식하지 못한다.

⑪ 내일은 알 수 없는 늪이라는 점도 인지하지 못한다.

⑫ 오늘만을 생각하는 사고를 가지고 있다.

⑬ 총장의 핵심 역할은 인간경영이라는 점을 자주 잊고 산다.

⑭ 총장은 항상 대학의 얼굴이라는 점을 잊고 산다.

⑮ 구성원들에게 단 한 얼굴로 대하는 것을 잊는다.

⑯ 칠면조 총장은 적에게 포위된 장수와 같다는 것을 망각한다.

⑰ 대화보다 독선적인 측면이 강하다.

⑱ Top-down 형식의 의사결정 패턴을 따른다.

⑲ 자기 스스로 모든 것을 다 알고 있다고 생각하는 경향이 짙다.

⑳ 통합적 사고보다 편향된 사고로 대학을 경영하는 성향이 있다.

Chapter 8

총장 리더십과 갈등 요인

- 갈등이 발생하는 원인으로는 한정된 자원, 업무의 상호 의존과 일방적 의존, 이해관계의 목표 상충, 상호인식의 차이, 지위와 신분의 부조화, 커뮤니케이션의 장애와 왜곡, 사회구조의 분화와 전문화, 대안선택의 곤란성과 평가기준의 차이 및 구성원 각자의 모호한 역할과 불만 축적 등.[1]

- 대학평의원회(평의원회)는 대학의 민주적 운영을 향상시키기 위해 2005년 사립학교법을 개정하며 도입되었으나, 도입 취지와 달리 제대로 취지를 인식하지 못 하거나 한정된 역할만 수행하고 있어 갈등을 제대로 해결하고 있지 못함.[2]

---

1 유일상, 대학의 갈등과 그 극복방안, 대학교육, 2004.

2 김민철, 대학평의원회, 학생 참여 11% 불과… '학내 갈등 요인', 베리타스알파, 2016.10.18.

교수들과 총장 간의 갈등 요인

- 국립대학 총장의 경우 총장을 교수들이 직선으로 선임하는 만큼 총장의 리더쉽 면에서 재단이나 총장이 강력한 리더쉽을 발휘하는 사학과는 다른 문제점을 내포. 학생정원 조정, 학과의 통폐합 등 대학의 구조개혁을 추진함에 있어 강력한 리더쉽을 발휘하여 강도 높은 개혁을 추진하는 것이 쉽지 않음.[3]

- 일부 대학에서 캠퍼스 이전이나 제2캠퍼스 설립과 관련된 갈등: 교수협의회는 재정 적자가 심화되고 구성원간의 명확

---

3 김송희, 대학 갈등의 구조와 실태, 2006.

한 협의가 없는 상태에서 무리하게 사업을 추진하는 이러한 대학의 중요한 안건과 관련하여 특히 교수들과 대학 본부 측의 정보전달 부족과 소통 부재에 대한 비판과정에서 갈등 증폭.[4]

- 학사 구조 개편과 관련해서도 학과제 폐지나 구조조정에서의 학제 개편과 통폐합 과정에서 총장 불신임 등의 학내 갈등이 야기됨. 학교 측의 일방적인 '학과제 전면 폐지' 발표와 전 이사장의 전횡을 막지 못한 데 대해 총장에게 책임을 묻겠다는 입장과 학문 간 벽을 낮추고 학생들에게 전공 선택권을 폭넓게 준 학부교육 선진화 방안이 무엇이 문제인가라는 입장 사이의 갈등.[5]

- 어느 대학의 경우 정원 감축과 관련된 학사 구조 개편 그리고 교수의 충원 과정 등 학사 행정 관련 갈등 요인이 종종 발생함. 대학 측은 입학정원의 30%(정시)를 5개 계열로 나눠 신입생을 모집한 뒤 2학년 때 정원 제한 없이 학과(전공)를 선택하도록 하는 혁신안을 추진. 정교수 승진과 정년 보장 분리방안이 혁신안에 담기자 교수들은 혁신안이 학문

---

4 윤수희, 서강대 남양주캠퍼스 놓고 총장-이사회 '갈등 심화', news1뉴스, 2016.

5 임지수, 중앙대 총장 불신임 투표 '압도적 찬성'… 첫 사례될 듯, 2015.07.14.

생태계를 파괴하고 고용 불안까지 초래한다며 반발.[6]

- '대학사회'의 구조적 모순과 갈등을 야기하고 있는 '일부 사립대학교(친인척들이 대학경영권을 장악하고 비민주적 운영으로 대학의 본래 취지와 이념을 망각한 채 개인의 사리사욕을 채우는 수단으로 전락한 대학) 총장'과 그에 대항하는 '교수협의회' 소속 교수들과 갈등.[7]

---

6 박의래, 동국대 '혁신안' 놓고 학내 갈등… 교수들, 노조 설립 추진, 연합뉴스, 2019.

7 한길, 수원대학교 교수협의회, 대학과 총장, 그리고 도착적 폭력(1), 2013.10.22.

학생들과 총장 간의 갈등 요인

- 사립대학교의 경우 등록금 등 재정적 문제로 인한 갈등: 사학재단의 교비지원 미흡에 대한 불만, 그리고 일부 대학에서는 수천억 원의 적립금을 비축하면서도 높은 수준의 등록금을 인상한다고 비난. 한편 대학 측은 매년 인건비나 물가상승, 그리고 경쟁에서 대학이 살아남기 위해서는 교수인력의 보강이나 첨단기자재의 확보가 불가피하며, 적립금은 부족한 시설보충을 위해 매년 적립해 나감.[8]

- 코로나 상황에 따른 갈등 요인: 학생들은 원격 수업으로 인

8 김형근, 대학과 학생회와의 갈등, 대학교육, 2006.

해 수업권·학습권을 침해받았다며 등록금 환불을 요구. 학교 시설 이용에 제약이 생기면서 겪은 불편함도 언급. 학교 측에서는 코로나로 인해서 방역비용이라든지 가외로 들어간 부분이 있고, (기존) 수입이 없어진 부분들이 있는데 장학금은 지급이 되는 관계로 예산이 부족함을 주장.[9]

- 캠퍼스 이전, 통합문제로 인한 갈등: 서울시 등 도심에 위치한 캠퍼스를 외곽으로 이전함으로써 학교의 명성이나 사회적 인식이 낮아지게 되면 장래 취업이나 사회활동에 불리하게 작용하는 것을 우려하기 때문일 것으로 추정.[10]

- 대학운영 참여문제로 인한 갈등: 기본적으로는 학생회가 학생들의 의사를 모아 서면 또는 구두로 대학당국에 전달하고, 답변 또는 실행결과를 평가하는 과정에서 대학과 학생회 간의 갈등이 발생.[11]

- 학교의 대화 불통과 관련된 사례: 학교의 불통(不通)이 문제라고 주장. 서울대 총학생회는 "학교 측이 시흥캠퍼스 실시협약을 맺기 전에 학생들과 협의하기로 해놓고 약속을 파기

---

9 방준혁, 코로나에 올해 대학 등록금 동결 움직임… 갈등은 계속, 연합뉴스, 2021.01.13.

10 김형근, 대학과 학생회와의 갈등, 대학교육, 2006.

11 김형근, 대학과 학생회와의 갈등, 대학교육, 2006.

했다. 더는 학교와의 소통을 기대하지 않겠다"고 강조하며 총장 사퇴를 촉구.[12]

- 학문 계열 폐지 관련 사례: 서울 소재 대학의 총장이 야심차게 추진하던 국내 최초의 무계열 학과 대학인 '미래대학'도 한 달에 걸친 본관 점거 농성 끝에 무산. 총장이 "학교의 미래를 위해 꼭 필요하다"며 절충안을 제시했지만 학생들이 이를 거부하면서 사업 자체를 공식 철회.[13]

학내 갈등에 휩싸인 대학사업

대학교	학교 측 추진 계획	현황
서울대	경기 시흥에 제2캠퍼스 건립	153일간의 점거농성에 이어 총학생회 간부들 단식투쟁
고려대	문·이과 통합 대학 '미래대학' 설립	학생들 본관 점거 끝에 설립안 전면 철회
서강대	경기 남양주에 제2캠퍼스 건립	이사회 반대로 무산
이화여대	평생교육대학 '미래라이프대학' 설립	학생들 본관 점거 끝에 사업 포기
동국대	평생교육대학 단과대학 설립	학생 반대 농성에도 강행했지만 평생교육대학 단과대학 지원자 미달
동덕여대	문·이과 통합 대학 '미래인재대학' 설립	학생 반대로 논의 중단

12 김봉구, 점거농성, 총장 사퇴… 대학 총장 운명 가르는 '이·학·교', 한국경제, 2016.10.13.

13 황정환, 구은서, [대학생 학교운영 참여 논란] "등록금 냈으니 참영권 당연" vs "백년대계 사업도 재학생 허락 받나", 한국경제, 2017.04.14.

교직원과 총장 간의 갈등 요인

- 갈등 발생 원인: 재정.
- 현안 갈등, 제도 등의 문제에 대해 의견이나 이의를 받지 않는 데에서 오는 갈등. 소통의 부재.[14]
- 동아대학교 사례: 동아대학은 이번 대학구조개혁평가 대비를 위해 교원 확보율을 높였었는데, 등록금이 지속적으로 동결되고 있는 상황에서 인건비가 증가해 재정 부담이 생겼다고 밝혔으나, 직원노조에 따르면 과도한 건설공사비 지출

14 배상훈 외 3인, 한국 대학 총장의 리더십 사례, 교육행정학 연구, 2018.

등으로 인한 대학 재정 악화로 직원이 충원되지 않았고, 이로 인해 직원들은 과중한 업무량을 떠안고 있음에도 근로환경은 저하되고 있다고 주장하며 갈등이 발생.[15]

- 교직원의 전문성 부족으로 인한 갈등 : 얼마 전 총장직에서 물러난 한 교수는 직원들은 좋은 대학을 만드는 데 필요한 전문지식이 너무 부족하다"고 밝힘. 사무처리 이상의 기획력이나 분석력이 부족해 중요한 일을 맡기기 어려웠다는 것. 국제교류도 늘고 있지만 협력 대학과의 실질적인 추진역할을 맡기기도 힘든 실정.[16]

- 교육지원 행정서비스 미흡에서 오는 갈등 : 교육·연구지원보다는 여전히 '통제' 위주의 권위주의적인 대학행정. 직원 개인의 문제보다는 구조적인 문제가 큼.[17]

- 교수-직원 상호 이해 부족에서 오는 갈등을 중재하는 것에서 오는 어려움 : 직원들의 행정 범위가 넓기 때문에 종종 갈등이 발생. 직원은 위계질서에 따른 상하관계가 아니라는 의식이 강하고 교수는 교육과 연구에만 몰두할 수 있도

---

15 윤희현, 동아대학교 다우미디어센터(http://dongan.dau.ac.kr), 동아대학보, 2016.

16 이상길, 변화하는 대학 교직원을 말한다, 교수신문, 2008.

17 이상길, 변화하는 대학 교직원을 말한다, 교수신문, 2008.

록 '조교'처럼 행정서비스가 이루어지기를 기대.[18]

18 이상길, 변화하는 대학 교직원을 말한다, 교수신문, 2008.

대학교수와 총장 간 갈등요소 및 해결전략: 사례 중심

대학교수와 총장 간 갈등요소

총장선출과정

SG대

- SG대의 경우 차기 총장 선출과정에 예수회 한국관구 측이 부당하게 개입했다는 의혹으로 인해 교수들 반발
- 학교의 자율적인 학교 운영을 보장해야 한다며 이를 비판하며 재단 이사회 측에 총장선출제도 개혁을 요구함

S대

- S대 총장선거는 총장후보자추천위원회(총추위)와 교수협의회(교협)간의 투표비율을 두고 마찰

해외 사이버대 의혹

- A연합신학대학교(Acts)의 총장이 해외에 거점을 둔 사이버대학교의 초대총장을 맡는 동안 특정 독립교단이 A연합신학대학교를 장악하고자 하는 언론보도와 이사회 구성이 학교 이미지에 부정적 영향을 우려하는 상황이 전개되면서 갈등
- 교수협의회는 총장에 대한 불신임의 입장을 이사회에 전달

개혁 짙은 총장과의 갈등

KI대

- 교육과학기술부의 대학 평가에서 높은 점수를 따기 위해 개혁 성향이 짙은 총장들을 선출한 KI대의 경우 2013년 서남표 총장 해임 결의 투표결과 536명 중 71.5%인 383명이 투표에 참가, 75.5%인 289명이 총장해임 촉구 결의문 채택에 찬성했다. KI대 교수회는 "서 총장이 독선과 파행경영을 일삼아 왔다"면서 "총장이 자진사임하지 않을 경우 이사회에서 즉각 해임해야 한다"고 주장

K대

- 2013년 말 교수진 연구실적 수시 공개 등 고강도 개혁방침을 천명하자 교수협의회를 중심으로 '총장 불신임' 움직임이 벌어지는 등 갈등을 빚었지만, 총장은 학내 교수단체의 반발에도 대학 개혁을 계속 추진하겠다고 밝힌 바 있다.
- "대학은 지식 공동체이며 연구역량의 토대가 없이는 대학 발

전도 불가능하다"면서 "이에 따라 교수 연구업적 향상을 위한 제반 제도를 개편했으며 좀 더 원활한 연구활동이 이뤄질 수 있도록 연구 인센티브제도 재정립, 조교 제도 활성화, 교내 연구비 확충 등 연구환경 개선을 위한 정책을 지속적으로 추진하겠다"고 설명했다.

교수거취 관련 갈등

J대

- 최근 사범대 S교수의 직위해제 처분을 두고 교수협의회와 갈등을 빚고 있다. S교수는 지난 2일 부총장이 계열 전체 교수에게 보낸 메일에 대해 비판하는 내용으로 답신을 보냈다. 하지만 S교수가 부총장에게만 보내야 할 메일을 전체 교수에게 실수로 발송한 것. 이후 당사자인 S교수는 10일 인문사회계열 전체 교수에게 실수를 인정하고 공개적으로 사과했다. 이에 부총장은 S교수 징계를 총장에게 요청했고 대학은 직위해제와 함께 징계위원회 회부
- 그러자 교수협의회는 "S교수 직위해제를 철회해야 한다"며 반발함

GP대

- 총학생회와 전국교수노동조합으로 이루어진 GP대학교의 정상화를 위한 공동투쟁위원회는 법인 이사장과 총장이 허위 입시를 조장하고 묵인하다가 문제가 되자 교수9명을 해임하

며 꼬리자르기식의 징계를 하였다고 주장
- 이러한 이사장의 부당한 학사 개입을 비판하는 동시에 허수아비 총장의 퇴진을 요구

총장의 학사개입

C대
- '교수연구자연합'은 총장의 학사개입을 지적
- 또한 총장이 복직교수들의 급여나 재임용계약 등을 복직교수와 상의없이 급 삭감한 것과 교수채용비리를 방관한 것에 대해 비판

부당한 운영

CH대
- 부당한 대학원 입학전형과 평생교육원을 운영하고 용역업체 직원을 동원해 학내분규 사태의 원인을 제공한 것으로 교육부가 실태조사
- 대학교의 입시 휴업을 결정하는 과정에서도 교무회의 심의를 거치지 않고 독단적으로 지시하여 학사에 피해

교직원들의 의견 대학경영에 반영

- D대 총장은 대학 구성원들의 의견을 듣기 위해 부임 후 첫 3개월 동안 교수들과 직원들은 물론 운전기사, 파견직 청소 근로자 등 비정규직원들까지 만나서 의견과 애로사항을 경청했다.[19]
- 섬김의 리더십으로 구성원들과 대화하며 대학이 나아갈 방향을 모색하는 것이 필요하다.
- G대 총장은 취임 이후 거의 빠지지 않고 하루 일과를 캠퍼스를 둘러보면서 직원, 학생, 교수들과 만나 소통하는 일로부터 시작하고, 아침 일찍 등교해 경기 수원, 서울에서 펼쳐지고 있는 감성 캠퍼스 조성 사업의 현장을 둘러보고 각 강의동 내의 시설 관리 상태 점검 현황 등을 꼼꼼히 챙겼다고 한다. 또한 학군단과 교정을 청소하고 함께 식사하는 일도 총장으로서 일과 중 하나였으며 필요할 때 이사회, 교수회, 노조, 총학생회 및 그 밖에 여러 부서와 기관의 인사들과 만나 소통의 기회를 가졌다.

---

19 임연희, 대덕대 김상인 총장 "대학 중장기 비전 재정립", 디트뉴스, 2017.07.31.

상호간의 신뢰 회복

- 한 대학 총장은 교수들의 방학 중 연가 사용제도 폐지, 방학 시간 활용을 교수들의 자율에 맡김으로써 교직원들을 신뢰하고 최대한의 자율권을 보장하여 교육의 생산성을 높이도록 했다.
- 대학의 구성원을 3주체 즉 교수·직원·학생으로 3등분해 보곤 하는데, 3주체가 자기 역할을 충실히 다할 때 대학이 가진 잠재적인 능력을 결집, 발전을 향해 나아갈 수 있다. 하지만 최근의 대학 동향은 3주체 사이에 갈등과 반목이 심해 대학 발전을 위한 에너지가 분산 내지는 낭비되는 방향으로 가고 있다.[20] 상대방의 존재를 인정하고 쌍방향적인 소통이 필요하다.
- 자신의 생각을 전(全)진리가 아닌 반(半)진리로 생각하는, 겸손하고 너그러운 생활 감각이 대학생활 속에 자리잡을 때 대학은 더욱 자유롭고 창의적인 것들을 내놓을 수가 있을 것이다.[21]

갈등과 내홍으로 생긴 상처 치유

- 갈등을 조정하기 위해서는 갈등관계에 있는 양쪽의 이야기

---

20 김경수, [대학 포커스] '30년 경기대 산증인' 최호준 총장을 만나다, 파이낸셜뉴스, 2010.10.18.

21 김경수, [대학 포커스] '30년 경기대 산증인' 최호준 총장을 만나다, 파이낸셜뉴스, 2010.10.18.

를 모두 경청하고, 객관적이고 합리적인 중재안을 제시하는 것이 중요하기 때문에 총장실의 문을 항상 열어 놓고, 누구든지 방문할 수 있도록 하는 것 필요하다.[22]

- 총장의 노력과 교직원들이 변화가 필요함을 자각해야 한다.

큰형님 리더십 필요[23]

- 대학 총장은 코칭과 동시에 전체를 아우를 수 있는 전문성이 필요하다.
- 서로의 상황을 바꾸어 생각해볼 때 소통과 공감이 시작된다.
- 대학 구성원의 역할이 다르기 때문에 오해가 생길 수 있고 만족도 다를 수 있다.
- 이러한 차이를 극복하기 위해서는 대화가 필요하다. 형식적 대화가 아닌 서로의 입장을 바꾸어 생각해보는 역지사지의 자세가 요구된다.

무관심한 교수 집단, 대의명분과 진정성을 앞세운 설득[24]

- 총장의 리더십 발휘 과정에서 겪는 어려움으로 교수 사회의 문화가 지적된다.

---

22 임연희, 대덕대 김상인 총장 "대학 중장기 비전 재정립", 디트뉴스, 2017.07.31.

23 최창식, 김영섭 부경대 총장 "소통과 공감의 출발점은 '역지사지', 학내 갈등 해결 '큰형님 리더십' 필요", e-대학저널, 2020.08.31.

24 배상훈, 김성열, 전수빈, 윤수경(2018), 한국 대학 총장의 리더십 사례, 교육행정학 연구, 36(1) : 195-223.

- 대학 교수직은 고도의 전문직이고, 교수 집단은 전형적인 이완결합 체제의 성격을 갖고 있다.
- 교수들은 절차적으로 자신들의 의견이 반영되지 않은 경우에 거세게 저항하는 특성이 있다.
- 교수들은 대개 변화를 꺼려하지만 '학생을 위해서' 또는 '대학의 생존과 발전을 위해서'라면 교육자로서 자신을 희생하고 헌신하는 사례도 많다.
- 교수들은 변화에 저항하더라도 설득이 되거나 명분이나 동기가 부여되면 대학의 발전을 위해 헌신하는 집단이므로 총장이 대학 경영에 이를 활용하는 것이 필요하다.
- 토론을 좋아하고, 비판을 하고, 때로는 반대를 하는 것이 교수 집단의 기본 성격이라는 이해를 가지고 대화하고 소통하는 방법이 필요하다.
- 지성인 집단이기 때문에 진정성 있게 다가가서 설득력 있게 동의를 구하면 변화를 이끌 수 있다.

Chapter 9

—

총장(리더)의 자기개발과 경영전략

총장 리더십(지도성) 개발

- 오센틱 리더로서의 대학 총장은 긍정적인 역할 모델로 설정됨. 총장의 리더십이 긍정적 모델링을 통하여 주위 사람들을 비롯 행정 직원의 리더십 개발을 촉진. 결국 총장의 오센틱 리더십에서 받은 긍정적 영향력이 행정 직원의 오센틱 팔로워십 개발을 촉진하고 궁극적으로는 행정 직원의 오센틱 리더십 개발에도 영향.[1]

- 현대사회에서 리더는 통합적 인지적 능력을 갖추고, 창의적으로 아이디어를 창출해내며, 새로운 가치를 다른 사람에

---

1 박시남, 최은수, 배귀희, 대학 총장의 리더십이 행정 직원 리더십에 미치는 영향, 한국성인교육학회, 2012.

게 설득시키는 의사소통능력을 갖추어야 함. 이러한 리더는 인지적 능력과 창의적 잠재력을 가지고 있으며 조직 구성원들 또는 팀원들의 창의적 잠재력을 자극할 수 있는 창의적 리더(creative leader)라고 할 수 있음.[2]

- 리더(총장)는 먼저보고 앞서는 사람으로 리더에게는 방향제시라는 측면과 섬김의 측면이 반드시 공존해야 한다는 면에서 서번트 리더십(servant leadership)이 강조됨. 공통적으로 타인에 대한 존중과 배려, 구성원들과의 공유와 지원 등을 통하여 궁극적으로는 공동의 목표를 향해 구성원을 이끄는 것.[3]

- 세계화가 이루어지고 코로나 사태로 인한 뉴노말사회가 도래한 지금은 초첨단 4차 산업사회에 필요한 미래 사회에 대한 안목과 국제적인 경쟁력을 갖추어야 한다는 관점이 부각되고 있으므로 인지, 창의, 리더십 계발을 위한 4차산업형 글로벌 리더가 중요.[4]

---

2 이경화, 인지창의리더십 계발을 위한 글로벌리더 모형, 2009.

3 김명희, 글로벌 리더들의 리더십 DNA, 2008, 장원.

4 김종량, 이현청, 준비하는 대학만 살아남는다, 2020.

- 학교조직이 보다 활성화되고 만족할 만한 효과를 달성하기 위해서는 이에 상응하는 교육행정가의 지도성이 요구됨. 지도성은 모든 상황에서 조직을 운영하는 데 중요한 변수. 리더의 지도성에 따라 교직원의 능력을 발휘하는 정도는 변화하게 될 것.[5]

- 감성지도성 개발: 감성지도성이란 리더가 자신이 가지고 있는 감성적이고 사회적인 능력을 개발하고, 구성원들의 감정을 이해하고 배려함과 동시에 비전을 제시하고 자연스럽게 조직구성원들에게 영향력을 행사하는 것.[6]

- 임파워먼트 리더십 개발: 조직구성원에게 업무와 관련된 자율권을 보장하여 구성원의 잠재력을 극대화시키는 리더십. 리더는 자신의 권한을 내려놓을 줄 알아야 함. 이를 위한 연습과 노력 필요.[7]

---

5 김주안, 유평수, 이원, 리더의 감성리더십이 구성원의 조직 헌신성과 임파워먼트에 미치는 영향, 한국경영교육학회, 2012.

6 김주안, 유평수, 이원, 리더의 감성리더십이 구성원의 조직 헌신성과 임파워먼트에 미치는 영향, 한국경영교육학회, 2012.

7 김흥국, 21세기 리더십 : 패러다임 전환과 리더의 역할, 한국인적자원개발학회, 1999.

능력 개발[8]

- 조직에서 리더와 구성원의 관계는 업무로 연결되어 있으며 이를 통해 조직의 성과가 결정.

- 성과(performance)는 조직의 목표이자 성공을 나타내는 중요한 척도. 직무성과란 조직원이 직무수행을 잘 하는지 개인적인 차원에서 평가하는 것으로, 주로 산업심리학에서 연구되고 있고, 인적자원관리의 한 영역에 해당.

- 리더의 역할 수행 및 업무 관련 능력이 구성원들에게 우호

---

8 김민철, 손승언, 능력 있는 리더, 재미있는 리더 : 리더 능력 및 유머가 구성원의 성과에 미치는 영향, 한국인적자원개발학회, 2019.

적으로 인식되며 이로 인해 구성원의 과업성과에 긍정적인 효과를 가져올 수 있음.

- 능력 있는 리더는 구성원들에게 과업 수행에 대한 적절한 방향과 목표를 제시해줄 수 있고, 능력 있는 리더는 업무에 필요한 자원과 지원을 끌어올 수 있음.[9]

9 김명희, 글로벌 리더들의 리더십 DNA, 한국리더십연구회, 2008, 장원출판사.

자기효능감 향상을 위한 노력

- 연구에 따르면 자기효능감이 높은 사람일수록, 목표를 더 높이 설정하고 그 목표에 도달하기 위한 몰입 행동을 더 하는 경향. 자기효능감의 중요한 특징은 특정 업무를 수행할 수 있다고 개인이 인지하고 있는 능력에 대한 포괄적인 판단, 활성화 또는 동기부여적 요소를 내포, 시간에 따라 변화하며, 새로운 경험과 정보에 반응.[10]

- 사람은 자신이 효능적이라고 느낄 때, 성공할 수 있는 잠재력이 실패의 가능성보다 높다고 믿게 됨. 연구에 따르면 자

---

10 이민수, 자기개발 노력 및 리더의 지원이 군 조직 효과성에 미치는 영향 : 자기효능감의 매개 효과, 한국인력개발학회, 2014.

기효능감이 높은 사람일수록, 목표를 더 높이 설정하고 그 목표에 도달하기 위한 몰입 행동을 더 하는 경향.

- 리더는 자신이 자기효능감을 가져야 할 뿐만 아니라 함께 하는 사람들도 자기효능감을 가질 수 있도록 하는 능력이 필요.

정서지능 개발

- 정서지능은 지능과 분리된 개념으로, 정서와 감정을 통제하고 조절할 줄 아는 능력을 의미. 사회적 지능에서 보다 발전된 개념. 사람들에게 동기를 부여해주고 절망적인 상황에서 의욕을 잃지 않게 하며, 순간적인 만족을 지연시킬 수 있게 함. 또한 기분을 조절하고 고뇌 때문에 사고능력이 방해를 받지 않게 하고, 감정이입과 희망을 키워주는 능력이기에 리더에게 필요.[11]

---

11 최승관, 리더의 정서지능이 리더십 유효성에 미치는 영향, 2006.

Goleman의 정서지능의 요소

구성요소	정의	특징
자기 인식력	• 자신의 기분, 감정, 취향 등과 이러한 것이 타인에게 미치는 영향을 인식하고 이해하는 능력	• 자신감 • 실질적인 자기평가 • 스스로를 비웃을 수 있는 유머감각
자기 통제력	• 부정적인 충동과 기분을 통제하거나 바꿀 수 있는 능력 • 행동하기 전 판단을 위해 잠시 멈출 수 있는 성향	• 신뢰와 성실성 • 모호성에 대한 인내력 • 변화에 대한 개방성
동기부여	• 돈이나 지위를 초월해 직무를 성공적으로 수행하려는 열정 • 힘과 끈기를 가지고 목표를 추구하는 성향	• 강한 성취 욕구 • 실패에 직면했을 때도 낙관적인 태도를 유지 • 조직에 대한 애착심
감정이입	• 다른 사람의 감정을 헤아려 이해하는 능력 • 다른 사람의 감정적인 반응에 대응하고 처리하는 기술	• 능력을 개발하고 유지하는 능력 • 서로 다른 문화를 받아들이는 감수성 • 고객에 대한 봉사
사교성	• 인간관계를 형성하고 관리하는 능력 • 공통의 입장을 발견하고 친밀한 관계를 형성하는 노력	• 변화를 주도하는 데 있어서 효과성 • 설득력 • 팀을 조직하고 이끄는 능력

출처 : Golemanr(1998 : 81쪽)

유머 학습

- 웃음은 마음의 치료제일 뿐 아니라 몸의 미용제이다. 우리 인간은 웃을 때 가장 아름답다. 총장 또한 높은 유머를 통해 대학 조직을 활성화시킬 수 있다.[12]

- 리더의 유머는 아이디어 공유를 활발하게 하고 조직 내 구성원 간 관계를 좋게 하여 긍정적 조직문화에 기여한다. 조직 내부 응집력을 높이고, 조직 내에서 열린 대화가 가능하게 하며, 효과적 리더십 발휘에 유의미한 효과가 있다.[13]

---

12 강문호, 탈무드의 고급 유머, 서로사랑, 2005, 2008.

13 김민철, 손승언, 능력 있는 리더, 재미있는 리더 : 리더 능력 및 유머가 구성원의 성과에 미치는 영향, 한국인적자원개발학회, 2019.

- 과업 현장에서 부득이하게 부하나 동료의 잘못이나 실수에 대해 언급하거나 지적해야 할 때 적절한 유머로 불쾌할 수 있는 메시지를 순화시켜 전달함으로써 상대방의 체면을 지켜줄 수 있다.

- 집단에서 공식적으로 통용되는 유머를 사용하는 것은 집단 간의 친밀감과 공동체 의식을 향상시켜줌으로써 조직성과를 높이는 데도 기여한다.

총장의 성공을 부르는 대화의 법칙(유머 포함)[14]

- 상대방의 장점을 인정하라.
- 상대가 듣고 싶어하는 진심 어린 말을 하라.
- 칭찬의 커뮤니케이션을 활성화시켜라.
- 현명한 거절을 중요시하라.
- 상대방의 관심사를 파악하라.
- 상황을 긍정적으로 해석하라.
- 칭찬은 때맞춰서 구체적으로 하라.
- 유머를 활용하라.
- 웃음의 위대함을 잊지 마라.

14 유재화, 김석준, 재미있게 말하는 사람이 성공한다, 책이 있는 마을, 2007.

자기성찰

- 자기성찰적 리더십 인성개발 전략[15]

  - 리더는 자신의 현재 인성문제에 대해 객관적으로 인식할 필요가 있음을 깨달아야 함.
  - 리더의 현재의 행동들에 나타나는 인성문제에 대한 성찰의 과정이 필요.
  - 리더는 자신의 인성문제 개선을 위해 구체적으로 실천적인 행동을 취할 필요가 있음.

15 조철현, 토마스 그룸의 나눔의 프락시스에 기초한 리더의 자기성찰적 인성 개발, 한국기독교교육정보학회, 2014.

Chapter 10

—

한국 총장의 고민

한국 대학 총장의 역할

21세기가 요구하는 한국 대학 총장의 역할[1]

대학 총장의 가장 중요한 역할은 대학의 목적을 달성하기 위하여 전력을 다하는 것이다. 이와 함께 대학의 모든 구성원들이 그 대학의 특수성을 잘 이해하고 대학의 목적을 달성하는데 능동적으로 일할 수 있도록 분위기를 조성하는 일이다.

그러나 대학의 설립 이념과 목적이 다르고 특성 또한 다르기 때문에 총장의 직무 수행도 대학의 목적에 따라 다르게 행하여져야 한다. 특히 대학 조직체는 개방 체제로서 성장하고 변

---

1 송미섭(2002). 21세기가 요구하는 한국 대학 총장의 역할(한국대학교육협의회), 대학교육 제119호, pp.76–79.

화하려는 속성을 가지고 있으므로 대학의 조직도 조직의 생존을 위하여 그에 대응할 수 있는 적합한 유형으로 변화될 수밖에 없다. 고등교육 기회의 보편화, 대학 기능의 대중화, 급격한 대학 규모의 팽창에 따른 고등교육의 관료화와 대학 조직의 복잡화, 그에 따른 대학 재정의 어려움, 고도의 기술, 지식 정보화와 4차 산업에 따른 패러다임 전환은 대학 행정의 합리화와 민주화를 위한 강한 개혁을 요구하고 있다.

대학에 다니는 사람들이 지극히 드물었던 해방 직후부터 1960년대까지는 한국 대학 총장들이야말로 고매한 인격과 뛰어난 학식을 소유한 학자이면 만족하였다. 대부분의 대학들이 초창기였기 때문에 조직 구조 역시 집권적이고 독재적이었으며, 대학 총장 또한 상아탑 속의 상징적인 존재였다.

한국 대학 총장들에 대한 최초의 정보는 1965~1976년 동안 총장들의 이력을 통해서 본 한국 대학교의 변천을 밝혀 보았던 연구에서 약간이나마 접할 수 있었다. 이 연구에 이어서 1976~1988년에 걸쳐 조사한 바 있는데, 다음은 이 두 연구들이 보여주는 한국 대학 총장들의 모습이 시대의 변천에 따라 어떻게 달라져 왔는가를 분석해 보고자 한다(송미섭, 2002: 77).

조사 대상은 석사 학위 이상 박사 학위를 수여하는 일반 사립, 국·공립대학으로서(특수대학은 제외) 학생 수가 5000명 이상이거나 그 이하인 대학이었기 때문에 한국에서는 아주 상위권에 속하는 대학들이었다. 이 범주에 속하는 총장들은 1965년에는 22명, 1976년에는 35명, 그리고 1988년에는 77명이었다.

이 연구에 의하면 1965년에는 다양한 대학들 간에 통계적으로 의의 있는 차이를 크게 보이지 않은 것으로 나타났다. 그때까지만 해도 한국은 전통지향적인 사회에서 크게 벗어나지 못했고 대학들도 거의 초창기 시대에 머물러 있었으므로 총장들의 학력이나 경력이 대학의 유형에 따라 크게 다를 바가 없었다는 것이다.

1976년에는 30가지 변인 중 세 가지 변인이 의의 있는 상관관계를 보였는데, 두 가지의 변인이 학생 수가 많은 대학과 적은 대학 사이에 있었고 나머지 한 변인은 국립과 사립대학 사이에 있었다.

1988년에는 30가지 변인 중 세 가지 변인이 의의 있는 상관관계를 보였는데, 두 가지 변인이 설립별에서 나타났고, 1가지 변인이 박사 학위를 수여하는 대학교와 석사 학위까지만 수여하는 대학교 사이에서 나타났다. 만일 이와 같은 경향이 계속된다면 사립과 국립은 그들 고유의 특성을 개발하게 될 것이고, 대학교의 크기보다는 대학교육의 질이 각 대학교를 특징짓는 요인이 될 것이다.

대학 총장이 되기 직전의 직업은 1965년에는 대학 행정가가 36%, 대학교수가 36%, 기타가 28%이었는데, 기타에 속하는 총장은 주로 작은 대학을 대표하고 있었으며 정부의 고위 관리로 있다가 총장직으로 소개된 경우다. 이 점은 미국의 1900년대의 상황과 비슷하다. 1977년에는 대학 총장이 되기 직전의 직업으로서 대학 행정가가 60%로 압도적으로 많고 대학

교수가 23%, 기타가 17%였다. 1988년에는 71%가 총장이 되기 직전에 대학 행정가였고 17%가 교수, 기타가 12%였다.

대학에서 가르친 경험은 1965년도의 총장들은 73%, 1976년에는 83%, 그리고 1988년에는 84%였다. 이러한 현상은 대학에서 가르친 경험이 없는 사람들은 대학 총장으로 선임되기란 지극히 어려울 것임을 시사하고 있다.

이와 같이 한국 대학 총장들의 이력은 대학의 목적이나 사명이 변하고 사회가 변함에 따라 변화해 왔음을 알 수 있다. 즉, 대학 총장들은 일반적으로 박사학위 소지자로서 사회과학 계열이나 과학계열을 전공했으며(이 점은 앞으로 약간의 변화가 있을 가능성이 있음), 대학 총장이 되기 직전에는 대학 행정가로서 일했으며 주로 대학에서만 가르친 경험이 있는 사람들이었음이 밝혀졌다. 이것이 1988년도에 한국 대학의 상위권을 차지하는 대학을 대표하는 총장상으로서 이러한 경향은 앞으로 더욱 심화되리라고 본다.

그러므로 21세기에는 대학 총장들의 지도성 유형 또한 다양해질 수밖에 없다. 1980년대 이후 대학의 비대화 현상은 일반 시민층에게도 고등교육의 기회가 부여되었고, 이는 곧 대학으로 하여금 고도의 지식 산업화 사회와 민주주의 체제를 수용하게끔 하였다.

대학의 민주화·자율화 시대로의 돌입은 대학 행정에 많은 변화를 요구하게 되어 대학의 모든 구성원들의 이해관계를 수용·조정하면서 대학의 목적을 추구해 나가는 능력을 총장으로부터 기대하게 되었다. 그 위에 개방 체제로서의 대학 행정체제의 구축과 미래지향적이고 비전(vision)을 갖고 있는 대학 총장을 필요로 한다.

김종량은 대학 총장의 역할을 '변화 촉진자'로 규정하고, 대학 경영 체제가 변화와 개혁을 수용하기 위한 미래지향적인 역할과 임무를 다음의 여섯 가지로 집약하였다.

⑴ 대학의 발전과 변화에 대한 분명한 방향감각과 공동체적 목적의식을 제공할 수 있는 대학의 비전을 창출하는 일.
⑵ 대학발전 및 변화에 대한 전체적인 계획 수립.
⑶ 대학 조직체제를 하나의 협동적 문화 공동체로 재구성하는 일.
⑷ 조직 구성원들의 의식 변화와 전문화 추구.
⑸ 대학 조직의 민주적, 자율적, 개방적 분위기 조성.
⑹ 대학 경영 체제가 국제적 감각과 미래 지향적 체제를 갖추는 일.

이러한 방향은 21세기가 요구하는 한국 대학 총장의 역할을 효율적으로 수행할 수 있는 모범적인 지침이 될 것이다. 그러나 이러한 대학 총장의 역할은 한국의 모든 대학을 이끌어 가는 총장들에게 모두 효율적일 수는 없다.

대학의 역사, 대학 구성원들의 성숙도, 대학체제의 개방성 정도, 총장 선임제도 등에 따라 효율적인 지도성 유형을 선택해야 할 것이다. 대학 총장의 지도성 유형의 선택이야말로 모든 총장들에게 주어진 가장 어려운 과제일 것이다. 21세기 한국의 모든 유형의 대학 총장들이 공유해야 할 자질은 가치 지향적이고, 평생 학습자로서의 태도, 그리고 미래를 설계할 수 있는 비전 지향적이어야 한다는 점이다.

그러나 대학 총장들이 그들의 역할을 성공적으로 수행하려면 대학 내외의 여러 집단의 협력이 동반되어야 한다. 여기서 제일 먼저 해결되어야 할 것이 대학 총장 선임 방법이다.

한국의 경우 1987년까지는 대학 총장은 임명제뿐이었다. 국·공립대학은 정부가, 사립대학은 학교재단에서 대학 총장을 일방적으로 지명하였다. 그러던 것이 대학의 자율화와 민주화의 시대적 요구에 부응하여 1988년부터 교수 직선으로 대학 총장을 선출하는 방식이 도입되었다. 이러한 대학 총장 선출 방식 또한 대학 총장 임명제 이상으로 대학 운영에 부정적인 측면을 초래하였다. 대학 내에서의 파벌 형성, 과열 선거 운동 등으로 인한 학내 분위기 저해, 논공행상에 따른 보직 분배 등은 그 대표적인 예로서 대학 총장의 합리적인 임무 수행에 막대한 지장을 초래하였다. 최근 교수직선제를 통한 서울대 총장 선출의 경험을 가진 오세정은 ①후보들이 모두 교내 인사로 제한되는 폐쇄성 ②총장 후보들이 아무리 훌륭한 포부를 가졌더라도 투표권자인 교수들의 이익에 반대되는 정책을 내세우기 어렵다는 사실 ③후보자의 능력과 포부를 심도 있게 평가할 기회를 갖기 어렵다는 이유를 들어 대학 총장의 교수직선제는 개선되어야 한다고 주장하였다.

대학 총장이 어떻게 선임되느냐가 21세기에 한국 대학 총장이 그의 역할을 성공적으로 수행하는 데 지대한 영향력을 행사할 것이다. 그러므로 최근 표시열외 3인이 대학 총장 선임 방법에 관한 국제 비교(미국, 영국, 프랑스, 독일, 일본)를 연구한 결과 한국 대학 총장 선임 방법의 개선 방향을 제시한 바 있는데, 그 가운데 몇 가지를 소개하면서 이 글을 맺을까 한다.

첫째, 대학의 목표와 특성화 방안을 구체화하고 그러한 목표 수행에 적절한 총장을 선임한다. 둘째, 총장선출위원회를 다양한 대학 구성원의 대표로 구성하여 간선제도로 활용한다. 셋째, 총장 후보를 대학 내 교수로 국한할 필요 없이 공개적으로 선임하여야 한다.

출처: http://magazine.kcue.or.kr/last/popup.html?vol=119&no=2881

총장의 핵심 경영전략(사례)

S대학교

글로벌 융합인재 양성

- 창의성 및 인성교육 강화를 위한 자율적이고 융합적인 교육체계: 전공 간 벽을 낮추는 융합 L자형 교육체계 도입과 삶의 핵심적 주제에 대한 학제적 탐구와 비판적이고 창의적인 사고와 심층적 토론을 통해 협력적 실천 능력 배양을 목표로 다양한 학문적 접근 기회를 제공.
- 인성 및 가치관 함양을 위한 독서 세미나: 동서양 고전을 심층적으로 읽어 인간 삶의 문제를 성찰하고 이를 통해 인류 공동체의 바람직한 일원으로서의 자질 함양.

혁신적 지식 생태계 구축

- 데이터사이언스와 전문분야 지식을 갖춘 디지털 혁신인재 양성, '데이터사이언스 대학원': 글로벌 시대에 선제적으로 대응할 수 있도록 학문 전분야에 경계를 뛰어넘는 초학제적 연구의 허브(hub)성격을 지향.
- 미래선도 중점 학문분야의 연구역량 집중, 10-10 프로젝트: 세계학문 발전에 공헌할 수 있는 미래선도 중점 학문분야를 집중 지원하여 선도적인 우수 연구역량을 갖출 수 있도록 지원하는 프로그램.

지식기반 사회적 가치 창출

- 나눔의 선순환 및 국내외 사회공헌활동을 통한 사회 속의 대학 구현: 다양한 사회공헌활동 발굴을 통해 나눔을 실천하고 봉사하는 인재 양성. 교육과 연계한 사회공헌 참여를 통해 공헌활동 체험의 기회를 제공하고 사회에 폭넓은 기여.
- 지식 공유와 환원의 다양한 지식 나눔 프로그램: 대학이 보유하고 있는 우수 강의를 온라인 강좌로 개발하여 운영. 온라인으로 지식 콘텐츠를 공유함으로써 지식 보급을 통한 일반 대중의 지적 욕구를 충족시키며 사회적 책무를 수행.

Y대학교

- '공동체적 자아를 보유한 혁신 리더'를 육성: 이기심이 경제 사회적 발전의 원동력이 아니라, 공동의 번영이 우리가 함께 추구하는 방향이 되도록 담론을 주도. 이를 위해서 교육은 최첨단 기술과 학습 시스템을 활용하여 보다 입체적인 방식으로 혁신.
- 도전과 선도: 지구와 인류가 당면한 문제해결을 위한 도전적 연구와 지식 추구.
- 창의와 혁신: 융합과 산학협력을 통한 글로벌 임팩트의 창출.
- 공존과 헌신: 한국 사회와 교육을 견인하는 선구자적 역할 수행.

K대학교

- 첨단기술의 발전에 부응하는 창의와 혁신은 새 시대를 헤쳐 나가기 위해 필수적이지만 그 지향점은 사람이 되어야 함.

창의 융합형 콘텐츠 혁신

- 교육: 혁신가치창출 교육 플랫폼 구축, 유연한 학사관리 체계, 미래인재양성 학생지원 체계 구축.
- 연구: 연구 기획 및 관리 시스템 강화, 연구 혁신 생테계 고

도화, 미래선도 기초 및 융합연구 육성.

참여소통형 네트워킹 혁신

- 산학협력: 4차 산업혁명의 리더십, 지식가치 극대화, 혁신 생태계 거버넌스.
- 글로벌: 글로벌 인재양성 공유 플랫폼 구축
- 사회공헌: 사회공헌 조직 전문화, 사회선도형 교육모델, 공유가치 창출.

미래선도형 인프라 혁신

- 행정: 전략적 기획기능 강화, 실질적 분권 및 자율성 확대, 수요자 맞춤 통합서비스 확대, 업무프로세스 고도화, 소통참여 활성화 및 투명도 제고, 지속가능 재정운용시스템 구축.
- IT: 최고 수준의 ICT 인프라 구축, 대학 혁신 지원 정보시스템 고도화, 정보 플랫폼 구축 혁신 역량 강화.
- 캠퍼스: 지능정보기반, 4차 산업혁명 선도형, 혁신적인 미래형 캠퍼스.

H대학교

가치 실현을 통해 글로벌 경쟁을 선도할 수 있는 교육, 연구, 산학협력의 실용 학풍을 구현

- 실용학풍 기반의 산학협력을 고도화, 다변화. '산학연계 교육 및 연구혁신을 통해 사회와 소통하는 한양의 실용학풍을 구현하도록 노력. 사회의 변화를 선도할 수 있는 인재를 양성하기 위하여 '문제를 찾아내고 또한 문제를 해결할 수 있는 능력을 갖춘 창의 인재' 육성을 위한 교육내용, 교육방법 및 교육환경의 혁신적인 변화를 선도적으로 이루도록 노력.

지속 가능한 혁신을 통해 진정성을 가지고 미래를 구현

- 공감과 소통의 혁신으로 상호 배려와 존중의 문화를 확산하고, 다양한 의견을 수렴하여 공유하고 피드백을 통해 소통을 강화.

동반 발전을 지향

- 양 캠퍼스의 시너지 창출 및 동반 발전. 학부교육의 내실화와 대학원 연구의 수월성을 유기적으로 연계할 수 있는 프로그램을 적극 개발하여 선순환적인 글로벌 연구중심 대학 실현. 인문학의 싱크탱크 역량 강화, 인문학적 상상력 기반의 학제 간 융합 연구의 활성화.

3S 전략을 계승발전 하도록 준비

- 3S 전략: 교육과 연구를 통해 창의적 성과를 창출하는 Smart 대학, 국가 성장에 기여하는 Startup 대학, 세상을 변화시키는 Social Innovation 대학을 구현하는 것.

S대학교

- 인의예지(仁義禮智)와 수기치인(修己治人)의 건학이념을 실천하는 철학과 가치를 공유하고, '나'보다 '우리'로 하나되는 대학 공동체를 만들어 구성원의 소속감과 자부심이 높아지는 신뢰와 상생의 캠퍼스 생태계를 조성.

교육 혁신

- 융합교육 활성화 및 성균융합원 역할 재정립(융복합 교육 허브로 안착)
- 학제 간 교육 프로그램 확대 및 지원
- 자기주도학습과 진로개발을 유도하는 e-portfolio 도입과 i-campus 전면 개편
- 전 주기 학생지도 체제 도입 및 데이터 기반 교육의 질 관리 확립
- 우수 대학원생의 전략적 유치와 연구중심대학으로서 경쟁력 유지

교수/연구

- 3대 신규 융복합 분야 전략적 육성
- 지속 가능한 연구 선순환 구조 구축을 위한 연구전문인력 지원 강화
- 우수교원 지원체계 통합운영을 통한 연구자 동기 촉진
- 질 중심의 연구경쟁력 수월성 제고
- 공동연구 활성화를 위한 학문단위 실질교류 확대 촉진

산학협력

- Global Entrepreneurial University 도약
- 캠퍼스 별 특화 창업선도모델 육성
- 대학원 주도의 신산업 지향 산학협력 선도
- 지역연계 및 지역산업 특화 산학협력 강화

경영혁신

- Well-Life in Campus 구축
- 글로벌 대학문화 확산(SKKU 글로벌 거점센터 설치)
- 빅데이터 기반 대학경영 환경 구축
- 미래형캠퍼스 설계(캠퍼스 유기적 통합)

S대학교

(1) 사회봉사 정신 함양 프로그램 확대
(2) 가족 공동체 문화 회복
(3) 인재상 구현 균형 교양 교육 구축
(4) 융합기초 교육과정 구축 및 실행
(5) 융합 전공교육 확대
(6) 국제화 교육과 질 관리
(7) 교수 연구역량 제고
(8) 산학협력 맞춤형 교육시스템 강화
(9) 도서관 재창조 프로젝트 시행
(10) 비전 실현 특별 모금프로젝트 실행

Y대학교

교육/학생

- 글로벌 융복합 중심의 학제개편
- 교육과정 혁신, 학생지원시스템 정착
- 진로지도 고도화, 실무형 교육지원
- 선도적 글로벌 교육 모델화

교수/연구

- 글로벌 수준 연구역량 보유 교원 확보
- 교원연구업적평가의 혁신
- 글로벌 융복합 연구 기반 강화
- 학문간 연계 및 해외협력 강화

인프라/재정

- 대학 운영 체계의 첨단화
- 수요자 중심의 행정시스템 구축
- 캠퍼스별 균형 발전 및 송도부지 개발
- 지속 가능한 재정 운영 기반 구축

E대학교

- 미래를 개척하는 여성 지성'의 비전 아래 '학문의 자율성을 바탕으로 한 역량 강화', '소통과 신뢰 기반의 공동체 윤리의식 추구', '도전 정신으로 대학 교육을 선도(3E : Empowerment, Engagement, Exploration)'
- 융복합 역량 함양을 위한 학사제도 유연화
- 세계 수준의 연구 성과 창출
- 미래를 준비하는 글로벌 교육·연구 환경 구축
- 지속 가능한 대학 경영 체제 확립

- 사회가 신뢰하는 가치 제고
- 구성원의 자발적 참여와 소통을 중시하는 거버넌스 정립

J대학교

지식 창출로 미래를 선도하는 대학

- 미래를 선도하는 혁신적인 연구성과 창출로 인류에 기여
- 융·복합 저변 확대를 통한 연구 시너지 창출
- 전방위 협력을 통한 지식 생산 및 확산의 가속화

학생의 성장을 지원하는 대학

- 미래 세대를 위한 新 패러다임의 혁신적 교육 제공
- 학생 역량을 성장시키는 다양한 경험의 기회 제공
- AI기반 전주기 학생 성장 지원 체계를 통한 진로목표 달성의 지원

세계를 연결하는 글로벌 허브 대학

- 온·오프라인을 포괄하는 명실상부한 국제화 환경 조성
- 다양한 문화권의 인재 간 물리적, 화학적 융합의 촉진
- 해외 대학 전략적 제휴를 통한 상호호혜적 교류 활동 강화

G대학교

교육

- 인문학적 상상력과 이공학적 창의력
- 미래선도형 교육체제
- 취업·창업 지원 및 자기주도적 학습활동
- 전략적 국제화

연구

- 연구자 친화형 캠퍼스
- 우수 연구집단 육성
- 대학원생 확보
- 융복합 활동 공간

지역사회

- 지역사회 평생교육
- 시·도·기업 협력체제
- 대학자원 개방, 지역대학 협력체제
- 전남대 브랜드 전략

행정

- 행정 민주화
- 대학혁신

- 재정 운용전략
- 캠퍼스 발전전략

복지

- 맞춤형 복지제도
- 교직원 상생문화
- 생동하는 학생문화

K대학교

창의융합 인재양성의 교육혁신

- 학생 중심 유연한 학사제도 도입·확대
- KNU 교육 브랜드 육성
- AAA시스템을 통한 교육혁신 선순환 체계

글로벌 선도 연구경쟁력 확보

- 차세대 KNU 연구브랜드 육성체계 구축
- 미래 우수 연구인력 확보
- 창의연구지원 연구환경 개선

특성화를 통한 대학경쟁력 확보

- 지속가능형 특성화 사업

- 지역산업 협력형 교육과 연구
- 캠퍼스별 유기적 특성화

차세대 국가발전 인재양성

- 기초·보호학문 분야 창의적 협동 인재양성
- 4차 산업혁명 주도 인재양성
- 남북협력시대 동북아 번영과 평화 인재양성

지역과 협력하고 소통하는 대학

- 지역 산학협력 혁신 선도대학
- 지역과 더불어 성장하는 대학
- 미래지역인재를 포용하는 KNU 에듀드림

국내·외 교류 활성화

- 대학 간 네트워크 구축과 지역 협력
- 국제화역량강화 위한 It's on 핵심 프로젝트
- 글로벌 인재양성과 국제화 역량개선

B대학교

교육 : 통섭형 글로벌 리더 육성

- 통섭형 교양 교육 강화
- 국제화 교육 체제 구축
- 융복합 전공 교육 강화

연구 : 글로벌 특화

- 융복합 연구 강화
- 연구 환경 선진화와 국제화
- 특성화 및 선도 학문분야 확대

봉사의 산실 : 지역사회와 함께하는 캠퍼스

- 머물고 싶은 캠퍼스 조성
- 역동하는 캠퍼스 조성
- 지역사회와 함께하는 캠퍼스 조성

K대학교

유연한 학사운영

- 복수·부전공 활성화
- 학점교류확대

- 가상학과 운영
- 산학친화형 학사운영체계 구축

협동중심 교육과정

- Residential Campus 집중교육
- 글로벌 시민 교육
- 레저·스포츠 특화교육
- 명품강좌
- KNU-Career Day 활성화
- 통일 인식 확산 프로그램 개발

자율적 집단 연구

- 특성화 전문대학원 설립
- 연구소중심 연구 활성화
- 미래전략분야 범캠퍼스 연구소 활성화
- 연구인프라 및 지원체계 혁신

실용적 산학협력

- 범산학협력 캠퍼스 구축
- 캠퍼스산학협력단지(idea Park) 조성
- idea Lab 정착
- 삼척 에너지 산업단지 연계
- 창업·기술사업화지원 체계 구축

- 졸업기업(Post-BI)지원 체계 구축

통일미래 허브

- 지역 사회연구원 설립
- 강원학연구 활성화
- 통일담론 주도/통일포럼 운영

지역 개방 교육

- 캠퍼스타운 구축
- 신개념 평생교육 활성화
- 미래도서관 신축 개방

지역산업 밀착형 캠퍼스

- 상학협력타워 건립
- 강원대 제2의료원 건립
- 사회·문화혁신 지구 조성
- 접경지역 발전 지원체계 구축

대학 경영

- 직무전문성 중심의 조직 운영
- 단과대학 성과관리 체계 구축
- 통합 행정 K-Cloud 시스템 구축
- 중장기 재정관리 시스템 구축

• 발전기금 확충 및 관리 시스템 개선

• 캠퍼스 공간 마스터플랜 재수립

출처: 각 대학 홈페이지 참조

한국 대학 총장의 고민

대학지원자수의 급격한 감소

- 2020년 한국의 출산율은 0.98명으로, OECD 국가 중에서도 압도적인 '꼴찌'로 유례 없는 초저출산 추세를 보이고 있고, 2018년 경우, 출생아 수는 32만 명을 조금 넘겼다.[2]
- 대학입학정원은 약 40만 명이고, 대학에 지원하는 비율이 지금처럼 70% 정도라면 20만 명이 대학에 진학하게 된다고 볼 때 심각한 상황이다.
- 대학만이 고민할 문제가 아닌 지역사회와 함께 헤쳐나가야

---

2 유지상, 대학 총장의 가장 큰 고민, 한국경제, 2019.10.21.

할 문제이다. 예시로 '지역혁신 플렛폼사업'은 충남대를 중심으로 대전·세종·충남이 한 팀이 돼 적극적으로 사업을 가져오자는 등의 협의를 했다.[3]

입학자원 감소보다 무크가 대학교육의 근본적 위기[4]

- 무크(MOOC : 대규모 개방형 온라인 강의)는 대학의 위기를 불러온다. 마음만 먹으면 하버드대의 수업도 들을 수 있는 온라인 플랫폼은 대학교육의 혁신이다. 언어의 장벽으로 인해 경계가 완전히 허물어지지 않은 것일 뿐, 실시간 더빙 기술이 합쳐지면 대학 간의 경계가 허물어질 수 있다.

급격한 환경 변화

- 4차 산업혁명 시대, 5세대 이동통신 시대 등 시대가 빠르게 변화하고 있는 상황
- 시대변화에 맞추어 대학이 상아탑의 위치에서 실용성을 염

3 김정원, "대학 총장들, 제대로 못하면 미세먼지 덮치듯 대학 망한다", 뉴데일리, 2020.01.17.

4 김봉구, 서강대 총장 "대학교육 근본 위기는 학생 감소보다 무크", 한경닷컴, 2016.03.04.

두하여 산학협력, 현장실습 등의 말이 생겨났다. 실용부분은 획득하였지만 이러한 대학의 변화를 두고 대학을 두고 취업을 위한 학원이라는 비판이 생겨났다. 하지만 4차 산업혁명에서는 수요를 예측하기 어려운 상황에 다다랐고 이러한 변화에 대응하고 '핵심역량 교육과정'이 등장했다.

- 이는 다양한 문제가 등장하는 4차 산업혁명 시대에 대비하여 문제를 합리적이고 효율적으로 해결하는 방법을 모색할 수 있는 지식과 태도를 키우기 위한 교육방법이다.

새로운 패러다임

- 4차 산업혁명으로 인한 AI시대와 기계지능 시대로 인해 대학은 새로운 패러다임에 직면해 있다. AI시대를 논하기 위해서는 공학과 같은 특정 분야로만은 해결될 수 없으며, 특정 학문, 특정 분야가 아닌 우리 사회 나아가서는 대한민국, 그리고 전 세계까지 생각해본다면 앞으로는 자연계 출신 총장뿐 아니라 인문사회 출신 총장들이 다같이 모여서 미래의 교육을 고민해야 할 것이다.[5]

---

5 메디컬뉴스, 'AI 시대, 대학교육의 방향－무엇을 먼저 시작할 것인가', 2019.05.11.

코로나19 확산

- 코로나19의 확산으로 인해 대학은 비대면 수업을 진행하고 있다. 수업 재개를 검토하기도 했으나 재확산이 일어나면서 다시 비대면으로 전환하는 등 대학의 위기상황이다.
- 교수학습의 장(場)을 강의실로 국한했던 것을 시간과 장소에 구애받지 않는 비대면 수업으로 전환하는 것은 새로운 시대의 디지털 트랜스포메이션(Digital Transformation)을 달성하는 계기로 삼을 수 있다.
- 온라인으로 수업을 전환하면서 기존의 대면수업에선 한 번 시연하고 사라졌던 교수의 실습이나 재연, 학생에 대한 비평 등이 자동으로 아카이빙(Archiving)[6]되는 부가적 효과도 나타났다.[7]

6 특정 기간 동안 필요한 기록을 파일로 저장 매체에 보관해 두는 일을 말한다.

7 이재, '언택트(Untact)' 아닌 '온택트(Ontact)'… 시공간 경계 허문 예술교육, 가능성 무한대, 조선일보, 2020.06.08.

등록금 동결

- 국내 대학의 재정상황이 심각한 상태이지만, 대선 주자들은 표를 의식해 반값 등록금의 폐해에 대해 언급하지 않는다.
- 사립대 등록금에 정부가 관여하는 것은 적절하지 못하며, 등록금을 동결하고자 한다면 기부에 대한 면세 등 기여 입학에 대해서도 검토할 수 있어야 한다. 미국의 스탠퍼드대의 경우 성적순으로 75%의 학생을 선발하고, 나머지인 25%는 상류층과 소외계층을 안배하여 선발하는 등 학교의 재량에 맡긴다.

대학의 지배 구조

- 총장의 임기가 너무 짧아 장기적인 전략을 세우기 어렵다. 김용 세계은행 총재가 총장으로 재직한 미 다트머스대는 총장을 뽑을 때 전 세계 1600여 명의 인재풀을 대상으로 2~3년 분석한 뒤 결정하고 임명한 뒤엔 전권을 준다.[8] 일본의 대학 긴키대의 경우 참치 양식에 성공한 대학으로 '참치 양식'이라는 프로젝트에 30년을 투자한 결실이다.

---

8 박동휘, 대학 총장들의 탄식 "대학의 미래 고민하는 대선주자 없어", 한국경제, 2017.02.14.

고등교육의 규제

- 다양성을 훼손한 교육정책으로 인해 대학 간의 경쟁을 하는 상황으로, 이러한 틀에서는 경쟁력 제고나 질적 성장을 기대할 수 없으며, 4차 산업혁명의 핵심인 인재를 키워나가는 방향에 대해 고민이 필요하다.
- 근시안적인 정부의 대학 축소정책이 아닌 대학에 비전을 제시해줄 수 있어야 한다.
- 코로나19 사태와 관련한 대비사항으로 교육부의 신속한 지침마련이나 재정악화와 온라인 교육인프라 구축에 대한 정부 예산 지원, 비대면 교육에 따른 교수들의 책임시수 삭제나 축소를 위한 고등교육법 개정과 제도 개선 필요[9]

총장선출제를 둘러싼 대학과 학생들 간의 갈등

- 현재의 총장 선출제도에 대해 총학생회와 교수회·총동문회는 폐쇄적이고 비민주적 제도라고 하였다. 하지만 간선제와 직선제 중 더 나은 제도에 대한 의견은 분분하다. 직선제가 학내 민주화를 확대하는 방안이라는 주장이 있는 반면, 대학

---

9 박성웅, 전국 국공립 대학 총장들 '포스트 코로나' 대책 고민, BBC NEWS, 2020.06.11.

가를 정치판으로 만든다는 우려도 나오기 때문이다.[10]

지방대학의 위기

- 현재의 대학 기본 역량 진단은 수도권과 대도시에 유한 정책이다. 지역대학의 우수한 인프라를 활용하여 지역과 대학 간의 협력체계를 구축하여 도와 대학 간의 상생발전 협의체 구성이 필요하다. 대학의 위기는 곧 지역사회의 위기로 인식하고 지방정부와 협의하고 소통해 나가는 것이 필요하다.

---

10 윤석만, 전민희, 다시 부는 총장 직선제 바람, 학내 민주화일까 포퓰리즘일까, 중앙일보, 2019.06.02.

부록

총장들의 어록과 업적 사례

허친스 총장(시카고 대학교 총장)

업적

- 교양 교육의 중요성을 간파하고, 고전읽기를 중시.
- 고전은 훌륭한 선인들이 만들어 놓은 정신적 노작이기 때문에 지역과 시대를 초월한 보편적 가치가 있는 것으로 봄. 이런 고전을 통해 지성을 계발하고, 이성을 훈련시키는 것이 참된 교육이라고 봄.
- 시카고 대학교의 교육 내용을 개편하여 고전읽기를 통한 지성교육을 시도. 그 방편으로 지금도 유명한 '고전읽기프로그램(The Great Book Program)'을 창시하여 학생들에게 고전을 읽

도록 함. 이를 바탕으로 시카고대를 엄청나게 발전시킴.[1]

- 허친스는 당시 미국의 고등교육을 지배하고 있던 실용주의적 사조를 비판하고, 교육개혁을 이끌어내기 위한 방안으로 자신만의 독창적인 독서철학을 제시. 고전독서의 목적을 합리적 지성의 계발, 보편적 교양의 실현, 위대한 대화에의 참여로 봄.[2]
- 자신의 「자유교육」 이상을 실현시키는 데는 한치의 양보도 없던 허친스 총장이었기 때문에 그에 대한 많은 비판적인 소리에도 불구하고 오늘날에도 그의 업적은 높이 평가되고 시카고대의 자유교육전통으로 자리잡음.[3]

어록

- 이 교육은 생계를 유지하는 방법이나 그들의 흥미나 적성이 무엇인가에 대해서는 문제삼지 않는다. 교양교육을 통하여 자유롭고 책임 있는 인간이 된 이후에 생계의 방법을 배울 수 있으며 그들의 특수한 흥미와 적성을 계발할 수 있다.
- 대학의 유일한 정당성이 있다면 대학이 비평의 요람이라는 것이다.

---

1 한성열, 시카고대 학사관리 엄격… 91번째 노벨상 배출한 원동력, 글로벌이코노믹, 2018.

2 홍윤택, 이병승, 허친스 독서철학의 교육적 의의 탐구, 2018.09.

3 대학 총장 외국은 어떻게 뽑나－美명문大 일군 전설적 총장들, 중앙일보, 1994.12.15.

사이어트 총장(카네기멜론대학교 총장)

업적

- 비교우위(Comparative Advantage) 전략을 학교운영 방침으로 제시
- 60년대에 최우선 집중투자 대상으로 선정한 학과는 컴퓨터 분야. 인지과학이 싹트기 시작할 무렵인 80년대 중반부터는 심리학에 집중투자.
- 기부금 확보. 미국 최고 교수를 영입해야 우수한 학생이 모이고 또 우수한 학생들이 졸업해서 많은 연봉을 받고 성공해야 많은 기부를 하는 활성 사이클을 만들기 위한 선결조건
- 투자의 가장 직접적인 효과는 졸업생 연봉으로 나타남.
- 90년까지 사이어트 총장 재임기간 동안 기부 받아 컴퓨터분야에 투자한 돈은 6억 2000만 달러. 학생 수보다 많은 컴퓨터 수를 보유.
- 카네기멜론대는 컴퓨터 분야(공대컴퓨터공학 학위과정-컴퓨터과학대)에 관한 불변의 Top5이며 심리학 분야도 10위권 밖으로 벗어난 적이 없음.[4]

---

4 [세계 초일류대학] 컴퓨터 분야…미 카네기 멜론대, 조선일보, 1999.03.12.

어록

- "남들이 안하는 분야를 개척해야 살아남을 수 있다."
- "의대와 법대는 이미 초일류가 즐비하다. 후발 대학으로 이런 분야에 뛰어들어봐야 2등밖에 안 된다."

아리마 총장(무사시대학교, 동경대학교 총장)

업적

- 세계적으로 권위 있는 상(1988년 훔볼트상, 1989년 웨더릴상 등)을 여러 차례 수상한 원자핵물리학자인 아리마 아키토(有馬朗人·61) 총장은 114년의 역사를 지닌 이 대학이 바라는 '훌륭한 학자 총장' 기준에 의해 선출.
- 1954년 '원자핵의 자성(磁性)'을 규명한 논문으로 전 세계 물리학계의 주목을 받으며 학계에 등장.
- 1967년 원자의 구조를 설명하는 새로운 모델을 제시하면서 세계적인 물리학자로 자리매김.
- 동경대에서 박사학위 취득이 매우 어려워 미국식으로 학제를 바꿔나감.

어록

- "보어(Bohr)형 과학자에게 주목하라."('보어형 과학자'란 새로운 원자[atom] 모형을 제시해 1922년 노벨물리학상을 수상한 닐스 보어의 이

름을 때 유용성을 염두에 두지 않고 오로지 호기심만을 좇는 과학자를 가리키는 말)[5]

- 대학이 변화에 느린 것은 분명하다. 대학은 사회의 변화에 천천히, 비판적으로 대응한다고 볼 수 있다. 동시에 대학은 과학의 발전에 재빨리 대응하지 않으면 안 된다.[6]

---

5 아리마 회장 "과학은 암기식교육으론 안돼", 매일경제, 2006.04.13.

6 김춘옥, 아미라 아키토 동경대학교 총장, 시사저널, 1992.04.30.

총장 입학식사 및 졸업식사 사례

스탠퍼드대학교

입학식사(2019.09.18. 마크 테시에-라빈)

여러분 모두 스탠퍼드에 오신 것을 환영합니다! 이사하고, 캠퍼스에서 길을 배우는 데 긴 하루를 보냈으리라 생각됩니다. 나에게 오늘은 일년 중 가장 좋아하는 날 중 하나입니다. 앞으로 몇 주와 몇 달 안에 친구가 될 사람들을 만날 때의 에너지와 따뜻함에서부터 미니 냉장고를 가져와야 할 사람에 대한 논쟁에 이르기까지 모두 캠퍼스에 많은 흥분을 안겨줍니다. 정말 특별한 날입니다. 신입생과 편입생들에게 이번 가을에 스탠퍼드에 오기로 결정한 것을 기쁘게 생각합니다. 여러분 각자는 스탠퍼드 커뮤니티를 풍요롭게하고 우리가 세상을 조금 다르게 볼 수 있도록 도울 것입니다.

특히 여러분들이 스탠퍼드를 특별한 곳으로 만드는 이유입니다. 여러분 모두를 만나기를 고대합니다. 그리고 오늘 우리와 함께 하신 모든 가족과 친구들에게 사랑하는 사람을 우리에게 맡겨 주셔서 감사합니다. 학생들이 여기 스탠퍼드에서의 시간을 표시 할 지적 탐구, 개인적인 관계 및 기여라는 중요한 학업을 수행 할 때 학생들을 적극 지원하고 돌볼 것임을 분명히 말씀드립니다. 오늘 여러분 모두가 스탠퍼드 커뮤니티에 합류하게 되어 기쁩니다.

레오나르도의 교훈

매년 초에 입학하는 학생들에게 몇 가지 조언을 하고 싶습니다. 올해 저는 스탠퍼드 교육의 정신에 대해 말하는 역사적 인물의 교훈을 통해 말씀드리고 싶습니다. 그 사람은 레오나르도 다 빈치입니다. 올해 초 저는 Walter Isaacson의 최근 Leonardo 전기를 읽었습니다. 나는 또한 스탠퍼드의 녹색 도서관에 있는 전시회를 방문했습니다. 레오나르도는 르네상스 시대인 15세기 말과 16세기 초에 이탈리아에서 살았습니다. 사실 그는 정확히 500년 전인 1519년에 사망했습니다. 많은 사람들이 그의 걸작인 모나리자와 최후의 만찬을 알고 있습니다. 그들은 그를 역대 최고의 화가 중 한 명으로 분류했습니다. 그러나 화가로서의 그를 아는 것은 그의 예술 작품을 초월한 업적에 대해서 일부분만 알 수 있습니다. 그는 발명가, 과학자, 엔지니어, 문학가, 해부학 및 건축 학자였습니다. 그는 항상 탐구하면서 더 많은 주제를 알고 싶어했습니다. 그의 관심사는 직접광이 아닌 반사광을 그리는 데 필요한 다양한 기술을 결정하는 것부터 딱따구리 혀의 역학을 이해하는 것까지 다양했습니다. Leonardo의 학문 분야에 대한 무한한 호기심과 작품에서 예술과 과학을 결합하려는 그의 접근 방식은 오늘날 우리가 진정한 르네상스 사람이라고 생각하는 그를 만들었습니다. 그의 이러한 업적들은 감탄하기는 쉽지만 오늘날 우리 삶에 적용하기는 어렵습니다. 그러나 그에 대해 더 많이 알게되면서 그의 삶에서 우리 모두와 직접적으로 관련이 있는 몇 가지 큰 교훈을 깨달았습니다. 그의 교훈을 통해 특히 스탠퍼드에서 여정을 시작할 때 도움이 될 것입니다. 우선 레오나르도는 끊임없이 호기심이 많았습니다. 호기심이 많았기 때문에 사람, 자연, 공학에 대한 지식을 탐구하고 습득할 수 있었습니다. 그는 호기심을 통해 습득한 지식과 그의 예술적 성향을 결합하여 전례없는 예술 작품을 만들었습니다.

예를 들어, 해부학에 대한 깊은 이해가 그를 더 나은 초상화 예술가로 만들 것이라고 믿었습니다. 그는 해부학적 해부가 근육 구조를 이해하고 인체를 보다 현실적이고 강력하게 묘사하는 데 도움이 될 수 있음을 발견했습니다. 그는 빛이 망막에 어떻게 닿는지 탐구하고 최후의 만찬(The Last Supper)에서 시각적 관점을 변화시키는 환상을 만드는 새로운 기술을 발견했습니다. 그가 보관한 노트는 "종이에 기록된 인간 관찰과 상상력의 힘에 대한 가장 놀라운 증거"라고 불렀습니다. 그가 이 메모를 한 노트를 만들었기 때문에 대부분은 그의 탐구와 위대한 기록들이 살아남을 수 있었고 우리는 그의 아이디어와 질문, 그가 정기적으로 기록한 목록과 스케치를 통해 계속해서 배울 수 있게 된 것입니다. 저는 여러분에게 이 조언을 드립니다. 스탠퍼드에서의 시간 동안 레오나르도의 열정과 결단력으로 탐구하고 호기심을 가지십시오. 대학 시절은 다양한 관심사를 자유롭게 탐구 할 수 있는 기회가 있는 인생의 특별한 순간입니다. 여러분이 이미 알고 있는 것 이상으로 예상치 못한 경로와 가능성을 보고 교실 밖에서의 학습을 받아들이시기 바랍니다. 여기 Stanford에서는 모든 분야에서 흥미롭고 새로운 것을 발견하고 각 분야의 선도적인 학자로부터 배울 수 있는 기회를 갖게 될 것입니다. 캠퍼스 내외에서 거리와 상관없이 관심사를 탐색할 수 있는 기회를 갖게 될 것입니다.

예를 든다면 해외 프로그램에서 취업 시장에 진입할 준비를 할 때 기업에서 고유한 경험, 여러 분야의 지식, 깊이 생각하고 다양한 관점을 이해할 수 있는 능력을 갖춘 졸업생을 찾고 있음을 알게 될 것입니다. 더욱이, 이러한 경험들을 통해 무엇이 당신에게 행복을 가져다 주고 어떻게 당신의 재능을 결합하고 적용할 수 있는지 발견하는 데 도움이 될 것입니다. 끊임없는 호기심을 갖고 탐색하고 메모하십시오!

자신에게 진실하십시오

Leonardo의 삶에서 두 번째 교훈은 그가 개인이라는 것입니다. Isaacson은 Leonardo의 창의력은 당시의 엄격한 문화적 기대와는 다른 "조금 부적합한 사람이 되기 쉬운 특성"에서 비롯되었다고 썼습니다. Leonardo는 채식주의자였고 왼손잡이였습니다. 그는 동성애자였으며 이단적이라고 여겨지는 견해를 갖고 있었습니다. 이 모든 견해와 특성은 15세기 이탈리아에서 그에게 장애물이 되었습니다. 그러나 그의 개성은 또한 다른 사람의 의견이 자신의 생각을 제한하지 않도록 만들었으며, 그는 종종 자신의 시대보다 몇 세기 앞섰습니다. 그는 비행 기계, 수중 다이빙 장비 및 이동식 다리를 상상했습니다. 일부 아이디어는 그의 시대에 결실을 맺었고 일부는 몇 세대 후, 다른 아이디어는 여전히 실현되기를 기다리고 있습니다. 그때는 독특하고 독창적인 것이 어려울 수 있지만 궁극적으로는 큰 보람이 있습니다. 그래서 나는 여러분이 자신에게 진실하고 자신의 개성을 자랑스럽고 귀히 여기기를 바랍니다. 여러분의 마음을 따르고 레오나르도처럼 여러분의 성격을 포용하세요. 자신만의 고유한 특성을 배양하고 표현하십시오. 우리 세상과 심지어 우리 대학에서도 때때로 다른 사람들이 하는 대로 따라야 한다는 강한 압력을 받게 될 것입니다. 다른 사람의 성공을 모델로 삼거나 다른 사람과 같은 자신이 되어야 한다는 생각에 초점을 맞추려는 성향을 물리치십시오. 독창적이고 진정한 자신이 되어 자신이 소유한 아이디어와 개성을 가지고 놀라운 방식으로 이 커뮤니티에 기여할 것임을 기억하십시오.

팀원되기

레오나르도의 삶에서 세 번째 교훈은 그가 개인 주의자였지만 팀원으로서의 성장과 기회를 활용했다는 것입니다. 그는 외톨이가 아니라 다른 사람들과 잘 어울려 일하고 다른 사람들로부터도 배운 천재였습니다. 14세 무렵부터 그는 Andrea del Verrocchio라는 아티스트 겸 엔지니어의 견습생이 되었습니다. 그곳에서 견습하는 동안 피렌체 최고의 워크숍 중 하나인 워크숍에서 움직임을 전달하는 방법과 자신의 예술을 통해 이야기를 전달하는 방법을 배우기 시작했습니다. 그는 스튜디오에서 수학과 "기하학의 아름다움"을 사용하는 법을 배웠고, 그 결과 그의 상징적인 작품 중 하나인 비트 루비 안 맨이 탄생했습니다. 이 놀랍고 꼼꼼한 그림은 여러분이 모두 보았을 것이라고 확신하며, 예술과 과학의 교차점에서 원과 사각형 안에 팔과 발을 뻗은 채 남자의 몸을 묘사하고 있습니다. 그는 다른 사람들로부터 배우고 나눴을 뿐만 아니라 팀의 성공에 기여했습니다. Verrocchio의 많은 작품은 공동 작업이었으며 Leonardo는 상당한 공헌을 했습니다. Isaacson은 레오나르도가 20세가 되고 견습을 마친 후에도 오랫동안 계속해서 Verrocchio의 작업장에서 생활하고 일할 수 있을 정도로 "대학 및 가족 분위기를 즐겼다"고 말합니다. 이러한 그의 경험을 되돌아보면서 세 번째 조언을 드리고 싶습니다. 새로운 독립성을 얻고 자신의 코스를 계획할 때 팀원으로서의 기쁨과 이점을 활용하십시오. 오늘 Quad에서 여러분은 여러분의 마음을 열고 여러분의 시야를 넓힐 다른 배경, 정체성, 관점, 사고방식을 가진 사람들 사이에 있습니다. 평생의 우정은 여기서 시작되며, 많은 사람들이 여러분의 이야기와 많이 다른 동료들과 함께 하게 된 것입니다. 그래서 저는 여러분이 서로 연결하고, 서로를 지원하고, 새로운 아이디어를 위한 공간을 만들 것을 권장합니다. 여러분의 사회적 상호작용은 여러분을 더 행복하게 만들고, 더 많은 것을 성취하도록 돕고, 서로의 삶을 풍요롭게 할 것입니다. 뿐만 아니라 캠퍼스 커뮤니티 전체도 마찬가지입니다.

레오나르도의 마지막 교훈은 그가 실험한 다음 그의 작업을 지속적으로 개선하기 위해 매우 끈기있게 노력한 방법입니다. 저명한 은행가의 딸인 Ginevra de 'Benci의 초상화에 익숙하지 않을 수도 있습니다. 그는 20대 중반에 그것을 완성했고 오늘날 우리는 그것을 프로토 타입이라고 부를 수 있습니다. Ginevra de 'Benci는 훌륭한 그림이지만 그의 최고의 작품과는 거리가 멉니다. 그러나 그것은 아직 실현되지 않은 천재성에 대한 실험과 힌트를 보여줍니다. Isaacson이 지적했듯이, 우리는 이 초상화에서 Leonardo의 많은 터치와 혁신적인 기술의 초기 단계를 봅니다. Ginevra의 3/4 포즈와 같이 당시에는 많이 틀린 작품이었습니다. Sfumato, 선이 흐려지고 색조가 혼합되어 있습니다. 그러나 그 작은 미소의 힌트가 있는 표정. 이러한 특징은 모두 30년 후 세계에서 가장 유명한 그림인 모나리자에서 전면 전시될 것의 핵심입니다. 그의 천재성에도 불구하고 레오나르도 우리 모두와 마찬가지로 실망을 경험했다는 점도 중요합니다. Isaacson은 그가 "항상 거인은 아니었다. 그는 실수를 했습니다. 그는 접선을 시작했습니다. … 악명 높게 그는 많은 그림을 미완성으로 남겼습니다." 그는 일부 소중한 프로젝트를 거부당했으며 그의 메모 노트북에는 고뇌의 표현이 포함되어 있습니다. 그러나 그는 부족했을 때도 좌절하지 않았습니다. 네 번째 조언은 실험을 하고 장애물이 의지를 약화시키지 않도록 하는 것입니다. 항상 새로운 것을 시도한 다음 적응하고 개선하십시오. 교실과 개인 생활에서 어려움과 좌절이 기다리고 있다는 것을 잊지 마십시오.

우리 모두가 할 것들을 탐색하면 인내하고 향상시키는 데 도움이 될 것입니다. 성공에는 시간이 걸릴 수 있음을 기억하십시오. 몇 분 전에 Will이 말했듯이 "열심히 노력하면 상상할 수 있는 것보다 더 많은 것을 성취 할 수 있습니다." 그리고 거친 좌절에 직면할 때 혼자가 아니라는 것을 확신하십시오. 도와 드리겠습니다. 여러분의 상주 고문 및 펠로우, 교수진, 교수, 코치 및 기타 많은 사람들이 여기에 있습니다. 사실, 우리 대학 전체가 여러분의 웰빙에 깊이 헌신하고 있습니다. 여러분 한 분 한 분이 자신의 삶에서 걸작을 만들 수 있다고 생각하지만, 곧바로 걸작이 나올 것이라고 기대해서는 안 됩니다.

그러나 여기 스탠퍼드에서 그것들을 구상하기 시작할 것으로 기대할 수 있습니다. 여기에 있는 모든 사람들이 시작하는 데 도움이 되어 기쁩니다. 2023년 수업을 위해 여러분 각자가 얻은 지식을 사용하여 세상에 기여하는 방법을 고려해 주시기 바랍니다. 여기에서 영향력을 행사할 수 있는 많은 기회를 찾을 수 있습니다.

예를 들어, 우리의 추기경 서비스 프로그램은 더 넓은 지역사회를 개선하고 관심사에 부합하는 기회를 찾는 데 도움이 될 수 있습니다. 이것은 세상에 긍정적인 변화를 가져올 수 있는 많은 기회 중 하나입니다.

마무리하기 전에 오늘 여기에 있는 가족과 친구들에게 마지막 한마디하고 싶습니다. 오늘 오후에 여러분이 여러 감정을 느끼고 있다는 것을 압니다. 여러분의 학생이 다음번에 독립을 향한 흥미진진한 단계를 시작하는 것을 보는 기쁨과 시간이 얼마나 빨리 지났는지에 대한 약간의 슬픔이 섞여 있을 수 있습니다.

여기 오신 가족과 친구들은 엄청난 청년을 키웠습니다. 이제 우리는 그들이 관심사를 탐구하고 그들의 재능이 그들을 이끌어 줄 곳을 결정할 때 그들을 지원하는 여러분의 파트너가 될 것입니다. 저는 세 자녀의 아버지로서 ― 막내가 현재 대학 4학년입니다 ― 제 경험을 통해 배운 두 가지 조언을 제공하고 싶습니다.

첫째, 학생들에게 탐구하고 새로운 연결을 만드는 데 필요한 공간을 제공하는 것이 좋습니다. 그러나 동시에 그들이 여러분을 필요로 할 때 여러분이 항상 그들과 함께 할 것이라는 것을 그들이 알도록 하십시오. 그들은 여전히 여러분이 필요합니다!

그리고 우리 학생 여러분, 앞으로 몇 년 동안 우리와 함께 보내기로 선택해주어 너무 기쁩니다. 세계에 대한 레오나르도의 엄청난 호기심과 관심있는 모든 것을 탐험 할 수 있는 기회를 여기서 찾을 수 있기를 바랍니다. 저는 여러분 각자가 택하는 길과 스탠퍼드와 그 너머에서 여러분이 할 멋진 일을 보고 싶어 기다릴 수 없습니다.

스탠퍼드에 오신 것을 환영합니다!

졸업식사(2019.06.18. Marc Tessier-Lavigne)

스탠퍼드의 128번째 졸업식을 기념하는 이 특별한 날에 함께 해주셔서 감사합니다. 여러분 모두를 따뜻하게 맞이하게 되어 영광입니다. 오늘 학위를 받는 모든 분들께 특별한 환영을 드립니다. 함께 한 선배들과 대학원생 여러분 모두 축하드립니다. 오늘, 우리는 스탠퍼드에 있는 동안 여러분의 성취를 축하하고 여러분이 다음에 하게 될 모든 것에 대한 기대를 가지고 앞을 내다봅니다. 우리는 이번 주말에 기쁨과 축하로 모입니다. 그러나 우리는 지난 며칠 동안 비극적으로 올해 우리를 떠난 우리 공동체의 사람들도 생각하고 있습니다.

스탠퍼드 커뮤니티 구성원의 손실은 우리 모두에게 손실입니다. 그래서 오늘 아침 프로그램을 시작할 때 잠시 시간을 내어 그들의 죽음을 인정하고 그들이 우리 삶을 어떻게 풍요롭게 했는지 생각해 보길 바랍니다. 잠시 묵념에 동참해주십시오. 감사합니다.

저는 여러분이 스탠퍼드에서 수학한 동안 성취한 모든 것과 오늘 아침 이 경기장에 여러분과 함께 한 모든 노력에 대해 얼마나 자랑스러워하는지 표현하고 싶습니다. 오늘 우리는 1,792개의 학사 학위, 2,389개의 석사 학위, 1,038개의 박사 학위를 수여할 것입니다.

학사 학위를 받는 학생 313명은 학과별 우등으로 졸업하고 301명은 대학 우수자로 졸업합니다. 106명은 하나 이상의 전공 요구 사항을 충족했습니다. 33명은 이 중 학사 학위로 졸업합니다. 451명이 미성년자 수료이고, 이 중 201명은 학사 학위와 석사 학위로 졸업합니다. 스탠퍼드는 전 세계에서 온 학생들을 등록하게 된 것을 자랑스럽게 생각합니다. 많은 국제 학생들이 오늘 학위를 받습니다. 55개국에서 온 162명의 학부생, 석사 및 박사 학위를 받게 될 1,077명의 유학생이 79개국을 대표합니다. 제가 인용한 모든 숫자는 스탠퍼드 졸업생들의 엄청난 업적과 세계에 긍정적인 영향을 미칠 그들의 잠재력을 보여줍니다.

졸업생들이 스탠퍼드에 있는 동안 교수진과 직원이 여러분 각자의 잠재력을 키우는 데 헌신했습니다. 이 시간을 내어 그동안의 지속적인 지원과 격려에 감사드립니다. 여러분의 업적은 또한 부분적으로는 헌신, 사랑의 격려, 그리고 스탠퍼드 학위를 위해 일해 온 수년 동안 여러분 각자를 격려하고 응원해준 가족과 친구들의 특별한 지원에 기인합니다. 많은 가족과 친구들이 오늘 이 경기장 스탠드에 있습니다. 다른 사람들은 실시간 스트리밍을 통해 전 세계에서 이 행사를 보고 있습니다. 여기에는 어머니와 아버지가 포함됩니다. 또한 배우자와 자녀, 여러분의 형제자매, 여러분의 조부모·숙모·삼촌, 여러분의 멘토, 그리고 여러분의 동료들까지 스탠퍼드로 가는 길과 스탠퍼드 학생으로서 여러분을 도와준 사람들도 포함됩니다.

그래서 저는 2019학년도 졸업생과 대학원생 모두에게 스탠퍼드의 소중한 졸업식 전통 중 하나에 지금 참여하기를 요청합니다. 일어나주세요. 이 특별한 여정에서 여러분을 지원해준 모든 가족과 친구들을 생각해보십시오. 가족이나 친구가 스탠드에 있거나 전 세계에서 시청하고 있다면 그들에게 "감사합니다!"라는 말을 마음 깊이 해주십시오. 스탠퍼드 졸업생들의 가족과 친구들에게도 "감사합니다"라고 말합니다. 여기에 있는 동안 사랑하는 사람들을 우리 대학에 맡겨 주셔서 감사하고 그들의 성공을 위해 여러분이 한 모든 일에 감사드립니다.

졸업식 날 졸업식 선배들에게 연설하는 것은 스탠퍼드 이사장으로서 저의 큰 영광 중 하나입니다. 2019년에 스탠퍼드에서 보낸 시간은 지적 탐구, 놀라운 업적, 엄청난 노력과 헌신의 시간이었습니다. 오늘, 우리는 스탠퍼드에서 여러분이 성취한 모든 것을 존중하며, 여러분이 여정의 다음 단계를 시작하게 된 것을 축하합니다. 오늘의 행사는 스탠퍼드 학생으로서의 시간을 마무리하는 것입니다. 하지만 저는 여기 스탠퍼드에서 평생 학습자로 남을 수 있는 도구와 기술을 습득하셨기를 바랍니다. 캠퍼스를 떠나더라도 스탠퍼드 가족의 소중한 일부로 남을 것입니다. 이것은 스탠퍼드 이사장으로서의 세 번째 졸업식입니다.

3년 전 스탠퍼드로 돌아온 이후로 저는 제인과 릴랜드 스탠퍼드가 인류를 대신하여 영향력을 행사함으로써 공공 복지를 증진하는 특정한 목적으로 이 대학을 설립했다는 사실을 생각해 왔습니다. 그들은 스탠퍼드의 교수진, 학생 및 교직원이 자신의 목적뿐만 아니라 인류와 세계를 위해 지식과 우수성을 추구하기를 원했습니다. 나는 종종 스탠퍼드가 이 큰 목적을 우리 대학의 중심에 두는 동기가 무엇인지 궁금해 했습니다. 1월에 캔터 아트 센터에 있는 스탠퍼드 패밀리 컬렉션을 방문했을 때 단서를 얻은 것 같습니다. Jane과 Leland Stanford는 19세기 후반 캘리포니아에서 가장 영향력있는 시민이었으며 Cantor는 그들의 삶과 관련된 많은 유물을 보유하고 있습니다. 컬렉션에는 또한 아들 Leland Stanford Jr.의 어린 시절 저널이 포함되어 있습니다. 이 일지를 읽는 것은 나에게 계시였습니다. Leland Junior의 어린 시절 연구와 관심사에 대한 기록입니다. 산술 연습에서 스케치와 사진에 이르기까지.

그러나 일기의 페이지에서 진정으로 느낀 것은 Leland Junior의 특별한 호기심입니다. 그는 세상에 대해 그가 할 수 있는 모든 것을 배우고 흡수하고 있었습니다. 10대 초반이었지만 인류학과 역사, 예술에 대한 야망이 있었습니다. 그는 다른 문화에 매료되었습니다. 그는 화석에서 갑옷, 건물과 기념물, 고대 사원 유적에 이르기까지 현대적이고 역사적인 대상을 연구하고 반영하는 데 시간을 보냈습니다. 그의 일기를 읽으면서, Leland Junior는 아주 어렸을 때부터 의도와 목적의 삶을 위해 집중하고 열심히 일했다는 것이 분명했습니다. 그리고 자신의 삶에 더 큰 목적을 부여하려는 그의 노력이 그의 부모에 의해 양육되고 격려되었음에 틀림없다는 것을 깨달았습니다. 가족에게 닥칠 비극이 일어나기 전에도 가족에게 근본적인 귀한 존재가 되었을 것입니다. 아시다시피 Leland Junior는 유럽을 여행하는 동안 장티푸스로 병에 걸렸을 때 인생이 짧아졌습니다.

그는 열다섯 살 때 죽었습니다. 슬픔의 깊은 곳에서, 그들이 내면을 바라보는 것이 완전히 이해할 수 있었을 때, 스탠퍼드 가족은 대신 밖을 바라보았습니다. 그들은 자신의 플랫폼을 사용하여 아들이 기억될 뿐만 아니라 그의 이름으로 지어진 새로운 대학이 다른 사람들에게 도움이 되도록 존재하도록 선택했습니다. 스탠퍼드 대학은 아들에게 그가 꿈꾸던 미래를 줄 기회가 없었기 때문에 기초 지식을 생산하고 그 지식을 실제 문제를 해결하는 데 적용하는 대학을 만드는 데 전념했습니다. 학생들은 자신의 플랫폼을 구축하고 목적의 삶을 시작합니다.

스탠퍼드 졸업생은 자신만의 플랫폼을 구축하고 획득했습니다. 여러분의 교육과 경험은 여러분의 관심사를 추구하고 자신의 독특한 길을 따를 기회를 제공할 것입니다. 물론, 여러분은 이 성공을 달성하기 위해 엄청나게 열심히 노력했습니다. 그리고 저는 그것이 항상 쉬운 것은 아니라는 것을 압니다. 여러분 각자는 현재의 위치에 도달하기 위해 장애물을 극복했습니다. 그리고 그 모든 노력—자정 커피 휴식; 기말 고사 도서관, 스튜디오 또는 실험실에서 보낸 시간이 여러분을 오늘이 되게 하였습니다. 그리고 여러분은 거기서 멈추지 않았습니다. 스포츠나 예술, 학생회, 학생 신문, 봉사 활동, 스케치 코미디, 밴드, 특히 지난주에 보았던 것처럼 분수 호핑 등의 활동과 경험에 자신을 던졌습니다! 이러한 경험은 여러분의 삶을 풍요롭게 했으며, 오늘날 여러분을 현재 위치로 인도했습니다.

여러분 앞에는 기회의 세계가 있으며, 이 플랫폼으로 무엇을 할지 결정하는 것은 여러분이 열심히 일한 것입니다. 졸업 후 어떤 분야에 진입하든 선물을 사용하여 세상을 변화시킬 기회가 있습니다. 이것은 스탠퍼드 이후의 삶이 시작될 때 위압감을 느낄 수 있습니다. 여러분 중 일부는 세상에서 어떤 기여를 하고 싶은지 정확히 알고 있을 수 있고, 다른 사람들은 여전히 영향력을 미칠 수 있는 방법을 찾고 있을 수 있습니다.

그러나 여러분이 무엇을 하든, 여러분이 추구하는 직업이나 여정이 무엇이든—여러분이 교사나 지역 사회 지도자, 변호사나 의사, 엔지니어나 예술가, 어머니나 아버지, 다음 세대의 간병인이 되든 여러분이 여러분의 삶과 여러분 앞에 있는 기회를 만들어 내고, 더 나은 세상을 위해 여러분의 선물을 사용하기를 바랍니다. 플랫폼을 갖는 것도 책임을 수반합니다. 지속적인 자기 검토 과정과 여러분의 가치관으로의 지속적인 복귀가 필요합니다. 때로는 앞으로의 길이 불분명하다는 것을 알 수 있습니다. 또는 돌이켜 보면 실수를 저질렀다는 사실을 깨닫게 될 수도 있습니다. 우리 모두는 실수를 합니다. 저는 확실히 실수를 합니다—제 아내와 아이들에게 물어보세요! 그리고 우리의 모든 삶에는 자기 검토가 필요합니다. 그 순간에 우리를 앞으로 나아갈 수 있도록 기본 가치로 돌아가는 것이 중요합니다. 저를 위해 저는 항상이 대학의 설립 목적으로 돌아가고 있습니다. 우리는 모든 인류를 위해 우수성을 창출하기 위해 여기에 있습니다. 그 아이디어는 스탠퍼드의 북극성 역할을 합니다.

시작 연사 소개

그리고 오늘의 시작 연사인 Tim Cook을 소개합니다.

Tim은 자신의 회사를 넘어 더 큰 영향력을 발휘하기 위해 자신의 플랫폼을 사용한 훌륭한 예입니다. 그는 오늘날 사회가 직면하고 있는 도전과 책임을 해결하기 위해 비전과 가치로 이끄는 명확한 목소리입니다. 앨라배마 출신인 Tim은 Auburn University에서 산업 공학 학사 학위를 취득한 후 Duke University에서 MBA를 취득했습니다. Tim은 1998년에 Apple에 입사하여 2005년에 회사의 COO가 되었습니다. 그는 2011년 8월에 CEO로 임명되었습니다. Apple은 전 세계적으로 10만 명 이상의 직원을 보유한 대규모 조직입니다. Tim이 회사와 운영에 모든 관심을 집중한다면 이해할 수 있습니다.

그러나 대신 그는 자신의 입장을 고려하여 개인 정보 보호와 관련된 문제에 대해 이야기하고 그가 이끌고 있는 기술 혁명의 윤리적 및 사회적 영향을 해결했습니다. Tim은 환경 문제, 광범위한 교육 접근성, 인종 평등 및 LGBTQ 커뮤니티의 권리에 대한 강력한 옹호자로도 알려져 있습니다. 그는 기업이 세상을 더 나은 곳으로 만들기 위해 자신의 역할을 다해야 한다는 그의 믿음에 목소리를 냈습니다. 5월에 Tim은 다시 한 번 Fortune의 연간 세계 50대 지도자 명단에 이름을 올렸습니다. 그는 2014년 파이낸셜 타임즈에서 올해의 인물로 선정되었으며, 중요한 사회 문제에 대해 대중의 입장을 표명하기 위해 자신의 스포트라이트를 사용하여 Newseum의 자유 연설 상을 수상했습니다.

2018년 남부 기독교 리더십 컨퍼런스는 Martin Luther King Jr. 박사의 사망 50주년을 기념하는 동안 Tim에게 인권을 위한 꿈의 수호자 상을 수여했습니다. Tim은 진정으로 자신의 영향력을 사용하여 자신의 회사 운영을 넘어 더 광범위한 사회적 맥락을 다루고 있습니다. 그리고 2019년 학우 여러분이 그의 모범을 받아들이기를 바랍니다. 자신의 길이 어디로 가든지 플랫폼을 사용하여 우리 시대의 문제를 해결하고 세상의 구석을 조금 더 밝게 만들 수 있는 기회가 있습니다. Tim Cook이 그랬던 것처럼—Stanfords가 그랬던 것처럼—저는 여러분의 가치가 목적의 삶과 임팩트의 삶을 살기 위한 여정에 여러분을 안내 할 수 있기를 바랍니다. 팀 쿡을 맞이하는 데 동참해주십시오.

맺음말

다시 한 번 2019년 클래스 멤버들에게, 스탠퍼드 대학교를 대표하여 이 특별한 날을 축하합니다. 여러분은 스탠퍼드 학생 가족을 졸업했으며 스탠퍼드 동문 가족에 합류했습니다. 오늘부터 전 세계 어디를 가든지, 어떤 길을 택하든, 어떤 공헌을 하든 영원히 추기경으로 남을 것이며 영원히 스탠퍼드 커뮤니티의 일원이 될 것입니다.

마지막으로 스탠퍼드 졸업생으로서 새로운 여정을 시작할 때 다음 단어를 기억하시기 바랍니다. 오늘은 끝이 아닌 시작이 되게 하십시오. 자신의 재능, 관심사 및 기본 가치를 따라 목적의 삶을 사는 자신만의 고유한 길을 발견하십시오. 그리고 가장 중요한 것은 여러분보다 앞서 있는 기회를 받아들이고 여러분이 얻은 플랫폼을 사용하여 세상을 더 좋게 바꾸십시오. 축하합니다.

교토 대학교

대학원 입학식사(2020.10.03. 총장 : 미나토 나가히로)

오늘 교토 대학에 입학한 석사 과정 63명, 박사(후기) 과정 105명, 전문직 학위 과정 6명 여러분, 입학 축하드립니다. 교직원과 함께 여러분의 입학을 진심으로 축하드립니다. 또 지금까지 여러분을 지원해 주신 가족 및 관계자 여러분께도 진심으로 축하 말씀 드립니다.

이제 여러분은 학문을 더 깊이 연구하기 위해 각 학문 분야로 새로운 한 걸음을 내디뎠습니다. 교토 대학에는 다양한 학문 분야 학부와 대학원이 설치되어 있으며 10개 학부, 18개 연구과, 13개 부설연구소, 17개 교육연구시설이 여러분의 배움을 지원합니다. 석사 과정에서는 강의를 듣고 실습과 필드워크를 통해 학부에서 배양한 기초 지식/전문 지식에 더해 더욱 고도의 지식과 기술을 습득해 연구자로서의 역량을 갈고 닦는 것이 요구됩니다. 박사 후기 과정에서는 논문을 쓰는 것이 중심이 되어 이를 위한 데이터 수집과 분석, 선행 연구와의 비교 검토가 반드시 필요해집니다. 또 현대 사회의 과제를 해결하기 위해 실천적인 지식과 기술 습득을 추구하는 5개 박사 과정 교육 리딩 프로그램과 2개 WISE Program(Doctoral Program for World-leading Innovative & Smart Education, 문부과학성 선정)을 운영 중입니다.

금년도 대학원 후기 입학식은 신종 코로나바이러스 감염증에 의한 팬데믹의 영향, 특히 해외 신입생이 일본에 입국하기 어려운 상황 속에서 온라인으로도 중계하지 않을 수 없게 되었습니다. 그런 상황에 처한 입학생 여러분께는 직접 뵙고 축하 말씀 드리지 못하게 되어 대단히 유감이나, 오늘은 web 동영상을 통해 축하 말씀을 전하고자 합니다.

오늘부터 여러분은 다양한 학문 영역에서 교토 대학 대학원 석사 과정, 박사(후기) 과정 및 전문직 학위 과정에서 새로운 연구 생활을 향한 첫걸음을 내딛게 됩니다. 우선 본교 역사에 대해 간단히 소개드리고자 합니다. 교토 대학은 1897년 일본에서 두 번째 제국대학으로 창립되었습니다. 19세기 이전 유럽의 대학은 오로지 성직자, 법률가, 의사 등 전문직을 양성하는 기관이었으며 메이지 유신 이후 일본에서 창설된 제국대학의 목적도 근대화 정책 속에서 각 분야의 실무적 전문가를 교육 양성하는 것이었습니다.

하지만 19세기 후반부터 시작된 '제2차 산업혁명'의 결과, 사회에서 차지하는 과학과 기술의 역할이 급속히 확대되었습니다. 이에 따라 민간 아카데미가 맡아 왔던 연구를 대학 기능에 편입시켜야 한다는 분위기가 고조되었습니다. 특히 신흥 독일에서는 베를린대학을 중심으로 연구와 교육이 하나라는 생각 아래 연구를 통해 교육한다는 스타일, 이른바 Humboldt 주의가 탄생했습니다. 이는 국가로부터의 '학문의 자유'를 내걸고 연구자와 학생이 자율적 연구에 기반해 진리와 지식 획득을 목표로 하는 대학 이념입니다.

이러한 대학 구조 전환 속에서 두 번째 제국대학으로 창립된 교토 대학은 이 독일형 연구대학 모델을 조기에 채택하게 되었습니다. 마침 비슷한 무렵 미국에서는 연구를 중심으로 하는 대학으로 존스홉킨스 대학이나 시카고 대학이 설립된 차였습니다. 그런 이래 오늘날까지 교토 대학에서는 '자유로운 학풍' 아래 '연구를 통해 교육'하는 것을 기본 정신으로 삼아 왔습니다. 본교는 일본 최초의 연구형 대학으로 출발했다 말할 수 있을 것입니다.

원래 연구란 개인의 호기심과 미지에 대한 탐구심이 동기로 작용하게 됩니다. 하지만 과학이나 그 응용인 기술이 인간 생활에 미치는 영향이 커짐에 따라, 또 과학과 기술이 일체화된 과학기술로 인식됨에 따라 그 사회에서의 역할은 급격히 증대되고 다양해졌습니다.

여러분은 최근에 자주 '기초과학'과 '응용과학'이라는 말을 들으셨을 줄 압니다. 최근에는 공적 연구 지원도 '기초과학'과 '응용과학'에 어떤 비율로 이루어져야 하느냐는 맥락에서 논의되는 경우가 많은 듯합니다. 사실 이 구분은 1945년 당시, 미국 과학 정책을 지도하던 대통령 과학 고문 Vannevar Bush가 루스벨트 대통령의 의뢰를 받아 작성한 '과학, 그 끝없는 프런티어(Science-The Endless Frontier)'라는 보고서에서 처음으로 제시한 개념입니다. 여기서 그는 과학을 연구(Research)에 전념하는 기초적인 과학과 제품 개발(Development)에 응용하기 위한 과학으로 구별하고, 대학은 기초 연구에 전념하기 위한 것이어서 공적

자금이 투입되어야 하나, 응용 연구에 임하는 기업에는 공적 자금은 투입해서는 안 된다고 명확하게 기술합니다.

최근 일본의 산학 연계 논의에 비추어 보면 조금 의외로 여기실 수도 있겠지만 이런 생각은 실제로 냉전 시대 미국 과학기술 정책에도 강하게 반영되어 있습니다. 이것이 전후 미국이 양과 질 양면에서 세계 과학과 기술의 발전을 견인해 온 기반이 되었다 생각합니다. 물론 이런 기초와 응용이라는 단순한 이분법은 오늘날에는 그다지 현실적이지 않습니다. 순수한 탐구심에 기반한 기초 연구 성과가 거의 시차를 두지 않고 획기적인 응용 연구로 확장되는 경우도 결코 드물지 않습니다. 저 자신도 면역 연구의 프런티어에서 그런 경험을 해 왔습니다. 앞으로 여러분은 이런 기초과학과 응용과학, 또는 자연과학과 인문사회과학이라는 좁은 영역에 얽매이지 말고 자유롭고 다각적인 관점에서 연구를 진행하시길 기대합니다.

과학 또는 과학자와 사회의 관계에 대해 조금만 더 생각해 보고자 합니다. 현대 사회는 문자 그대로 지구 규모의 어렵고 긴급도 높은 여러 가지 문제에 직면해 있습니다. 지구의 기후 변화나 환경 파괴, 대규모 자연 재해와 원자로 처리, 세계적인 감염증 확대 등은 인류 사회경제 활동의 급속한 글로벌화에 의해 표면화되게 된 것이라 생각됩니다.

바로 지금 온 세계를 석권하고 있는 코로나 19 팬데믹도 그중 하나일 것입니다. 작년 말 중국의 한 도시에서 발생한 신종 코로나바이러스는 눈 깜짝할 사이에 전 세계로 확산되었고, 이미 세계적으로 3000만 명 이상이 감염되고 사망자도 100만 명을 넘어서기에 이르렀습니다. 발생 초기부터 전 세계 연구자들이 진단법, 치료법, 백신 개발, 임상 연구를 포함해 다양한 전문성에 기반해 연구를 진행한 결과, 이 감염증에 대한 많은 과학적 사실이 비교적 단시간에 급속하게 축적되었습니다. 이러한 연구 성과가 이 팬데믹을 극복하는 데 크게 공헌할 수 있으리라는 것은 틀림 없을 것입니다.

하지만 이런 과학적 성과가 곧바로 팬데믹 대책 결정에 신속히 통일된 지침을 알려줄 수 있느냐 하면 그리 낙관할 수만은 없습니다. 이 감염증은 전 세계 사람들을 거의 동등하게 공격하고 있지만 그에 대응하는 방법은 지역의 역사, 문화, 종교, 경제 체제와 생활 양식 등에 따라 매우 다르게 나타납니다. 과학 데이터에 기반한 방역 대책 모델이라 해도 그것이 효과를 발휘할지 여부는 사회 시스템과 사람들의 의식에 의해서도 규정됩니다. 이런 부분에서는 사회과학과 인문과학의 지식이 활용되어야 합니다.

이런 상황은 과학의 성과가 앞으로 더 크게 진전하더라도 아마 바뀌지 않을 것이라 봅니다. 1990년대에 옥스퍼드 대학 과학철학자 Jerome Ravetz는 '과학으로 물을 수는 있으나 아직 과학으로 대답할 수는 없는 영역'이 존재함을 지적하며 이를 탈정상과학(Post-Normal Science)이라 표현했습니다. 여기서 정상과학(Normal Science)이란 지금 우리가 떠올리는 일반적인 과학을 지칭하는 것이며, 원인과 결과가 명확한 이 영역에서는 과학이나 기술은 인간 생활과 사회 활동의 의사결정에 직접적인 역할을 하게 됩니다. 그런 한편 탈정상과학 영역이란 현상이 지극히 복잡하며 불확실성이 높고, 동시에 의사결정에 매우 많은 이해(Stakes)가 관여하는 영역입니다. 이 불확실성은 빅데이터와 초고속 연산을 기초로 하는 AI에 의해 반드시 해결되지만은 않는다고 Ravetz는 말합니다. 바로 그래서 그는 탈정상과학을 '안전과 건강과 환경과 윤리의 과학(The sciences of safety, health and environment, plus ethics)'이라 불렀던 것입니다.

이번 팬데믹은 바로 이 탈정상과학 영역에 있으며, 지극히 복잡하고 중요한 사회적 과제에 대한 대처와 의사결정에, 인문과학과 사회과학까지 포함해 과학이 전체적으로 어디까지 관여할 수 있는지, 또 어떤 형태로 관여해야 할지에 대해 생각하는 중요한 기회가 되리라 생각합니다.

이야기가 조금 딱딱해져 버렸는데, 처음에 말씀드렸듯 연구란 어디까지나 개인의 호기심과 미지에 대한 탐구심이 동기로 작용하게 되며, 따라서 원래 즐거운 것입니다. 저 스스로도 40년 이상 연구의 세계에서 지내며 실컷 연구를 즐겨 왔습니다. 그런 한편 여러분은 과학이 어디까지, 그리고 어떠한 형태로 중요한 사회적 의사결정에 관여할 수 있을지를 생각해야만 하는 새로운 시대를 향해 이제부터 연구 생활을 시작하게 됩니다. 이런 생각을 마음 한 구석에 간직하고 여러분이 앞으로 이 교토대학에서 마음껏 연구생활 나날을 즐기시기를 진심으로 기원하면서 제 축하 말씀을 대신하고자 합니다. 다시 한 번 입학을 진심으로 축하드립니다.

대학 총장 명언

하버드 대학 총장 : 엘리엇 박사

"한 사람이 하루에 15분씩 고전작품을 읽는다면 10년 후에는 하버드 대학을 졸업한 사람보다 더 많은 교육을 받은 것이나 같을 것이다."

컬럼비아 대학 총장 : 버틀러 박사

"금언을 읽는 것은 생활의 지혜 분야의 최고급 상담가들과 상담하는 것과 같다."

Charles W. Eliot(1869~1909 하버드 대학 총장)

"Do not expect the world to look bright, if you habitually wear gray-brown glasses."
"습관적으로 회색이나 갈색 안경을 쓰면서 이 세상이 밝게 보이기를 기대하지 마세요."

Abbott Lawrence Lowell(1909~1933 하버드 대학 총장)

"Of course there's a lot of knowledge in universities : the freshmen bring a little in; the seniors don't take much away, so knowledge sort of accumulates."
"물론 대학은 방대한 지식을 보유한다. 신입생들이 들어올 때는 약간 가지고 들어오고 졸업반 학생들이 나갈 때는 거의 떠가지 않기 때문에 다소간 축적이 되는 셈이다."

Barnaby C. Keeney(1955~1966 브라운 대학 총장)

"At college age, you can tell who is best at taking tests an going to school, but you can't tell who the best people are. That worries the hell out of me."

"당신은 누가 최고의 성적으로 좋은 대학에 갈 것인지 말할 수 있다. 그러나 누가 최고의 인재인지에 대해서 말하지는 못한다. 바로 그 문제 때문에 나는 속이 탄다."

김용 세계은행 총재(2009 다트머스 대학 총장)

"자신이 정말 열정을 갖고 할 수 있는 일을 하라는 것이다. 즉 아침에 눈뜰 때마다 '와! 내가 이 일을 할 수 있다니.' 라고 말할 수 있는 그 일을 하라는 것이다."

- 2013영 1월 13일 한인의 날(Korean American Day) 특별인터뷰

〈김용 세계은행 총재가 글로벌 리더를 꿈꾸는 젊은이들에게 전하는 메시지〉

"First of all, for the young people, is to be a global citizen.
Care about what's happening in the rest of the world.
Find a way of really understanding and trying to get inside things that are happening in other parts of the world.
I think it's really important for Koreans to learn at least two, but preferably three languages.
People from the Netherlands do so well and I think everybody in the Netherlands speaks three languages.
So for Koreans, very reasonable to learn English, Korean, and Chinese, for example."

- "부모가 자녀들의 지능지수를 바꾸기 위해 할 수 있는 일은 거의 없습니다. 반면에 그들의 의지력, 습관, 맡은 일을 완수하는 능력은 향상시켜 줄 수 있습니다. 우리 부부는 아이들이 새로운 것을 학습하는 과정에서 좋은 습관 또한 기를 수 있도록 도와주려고 합니다. 그래야 배움이나 삶의 난관에 맞닥뜨려도 거침없이 헤치고 나갈 수 있는 정신력, 의지력, 기개를 키울 수 있을 것이라 믿기 때문입니다."

- "부모는 자식의 이를 날카롭게 갈아주는 돌이라는 말을 어머니는 종종 했습니다. 우리 부부는 '호랑이 부모' 수준까지는 아니어도 '성실, 헌신, 전념, 그리고 기개'가 앞으로 원하는 인생을 살기 위해 가장 중요한 요소라는 점을 아이들에게 이해시켜야 한다고 생각합니다."

  - 글로벌 인재포럼 2014 김용 총재 인터뷰

〈한인 청년들을 향한 김용 총재의 충고〉

- 내가 젊은이들에게 하고 싶은 말은 '무엇이 되기 위해서'가 아니라 '이 세상에서 뭔가 큰일을 하기 위해' 일하라는 것이다."

  - 다트머스대 총장 시절 인터뷰

- "책만 보고 공부만 한 '공부벌레'들은 대부분의 학교에서 반기지 않는다. 모든 학생이 좋은 학점에 클럽 리더이고 체스

를 하고 바이올린을 켠다면 얼마나 지루하겠느냐?"

- 한 방송 인터뷰

〈김 총재가 중시하는 두 가지 원칙〉

- 첫째, 모든 일을 최고의 기대치를 갖고 하는 것이다. "내가 프로젝트를 수행할 때 반복적으로 하는 것 중 하나가 다음의 질문을 엄격히 하는 것이다. '우리가 왜 그것을 못할까?' 가령, 다트머스대 총장을 하면서 사람들이 그것은 할 수 없다고 말하면 나는 '왜요?'라고 묻는다. 그런 식으로 한 적이 없다고 답하면 '그렇게 하면 (다트머스대가 소재한) 뉴햄프셔법 위반인가요?' 그렇지 않다면 할 수 있는 것 아닌가요?'라며 일을 추진했다. 세계은행에서도 동일한 질문을 한다. 그것이 매우 오래 걸린다고 하면 '왜 그렇게 오래 걸리죠?'하며 답을 찾아서 풀어나갔다"

- 둘째, 자신이 그 일을 왜 하는지 아는 것이 중요하다. 그리고 난 후 거꾸로 풀어간다. "세계은행에서 이렇게 질문한다. '우리가 지금 하는 것을 왜 하죠? 왜 여기에 있습니까?' 그러면 전 세계 가난을 없애고 공유된 부를 마련하기 위해서라고 답한다. 그럼 다시 묻는다. '어떻게 할 수 있죠?' 여러 절차 중 한 과정이 문제라면 그것을 바꾼다. 분명한 목표가 있다면 모든 것이 다 풀리는 것이다"

다트머스대 총장

- 사람은 지성적 존재이므로 당연히 지성을 사용할 때 기쁨을 느낀다. 이런 의미에서 두뇌는 근육과 같은 성격을 갖는다. 두뇌를 사용할 때 우리는 기분이 매우 좋다. 이해한다는 것은 즐거운 일이다.

- 공감 능력을 개발하세요. 매일 공감 근육을 사용하는 것이 중요합니다. 공감은 마음의 중요한 관입니다. 그것은 배울 수 있는 것이며, 평생동안 계속해서 개발하고 발전시켜야 하는 것입니다. 여러분은 언제든 잠시 생각을 멈추고 다른 사람의 입장에서 바라보는 세상을 경험하기 위해 노력하는 공감능력을 가져야 합니다.

한국 대학 총장들의 인적 특성

전문대 총장[7]

경력

- 전국 137개 전문대학 총장 10명 중 7명은 교수나 관료 출신인 것으로 나타났다. 또 총장들 나이는 60대가 절반(45.5%) 가까이 되는 것으로 조사됐다.
- 136명의 총장들 중 69.8%인 95명이 교수나 관료 출신인 것으로 나타났다.
- 95명 중 74명이 교수 출신으로 가장 많았으며, 고위관료 출

7 박정양, 전문대총장 70% '교수·관료' 출신에 평균나이 61.5세, 뉴스원, 2015.07.24.

우리나라 전문대 137개 총장 이력

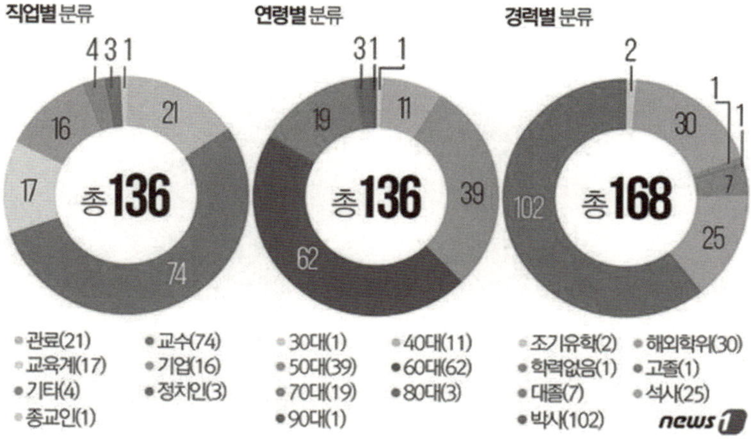

신도 21명이었다.

- 136명의 총장들 중 75%인 102명이 박사학위를 소지하고 있었다.

연령

- 총장들의 평균 나이는 61.5세이며 60대가 62명으로 가장 많았다. 이어 50대 39명, 70대 19명, 40대 11명, 80대 3명, 30대·90대 각 1명 순으로 집계되었다.

전공

- 대학 이상 학력을 소지한 총장들(134명) 중에는 사회과학 전공자들이 75명(55.9%)으로 가장 많았다. 이어 공학 21명(15.6%),

인문학 10명(7.4%), 자연과학 9명(6.7%), 의·약학 9명(6.7%), 예술·체육학 6명(4.4%), 농수산해양학 4명(4.4%) 순으로 집계됐다.

대학 총장

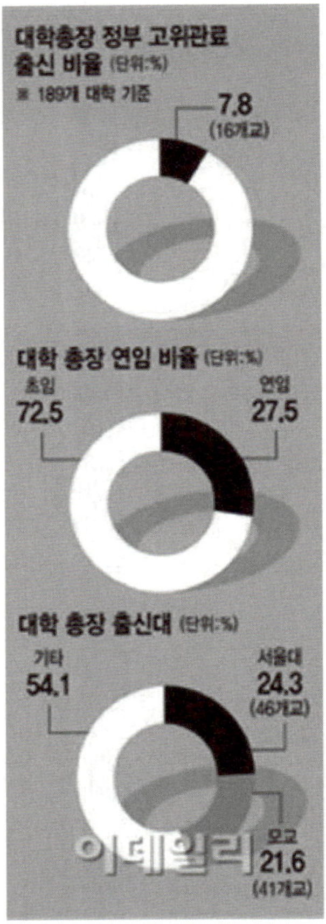

성별[8]

- 남녀공학 대학 남성 총장 압도적 … 서울대는 역대 23명 모두 남성
- 전국 주요 35개 대학의 역대 총장과 현 총장을 조사한 결과 80%에 달하는 28개 대학에서 그동안 단 한 번도 여성 총장이 나오지 않은 것으로 집계되었다.
- 전체 대학 중 여성 총장은 17명에 그쳤다. 전통적으로 여성 총장을 두고 있는 여자대학 7곳을 제외하면 남녀공학 대학에서 여성이 총장직을 맡고 있는 곳은 단 10곳이다.[9]

---

8 민현희, 주요 대학 '여성 총장' 언제쯤 나올까, 한국대학신문, 2014.02.03.

9 이현진, 대학 총장 평균은 '이·공계 출신 64세 SKY 거친 해외 유학파 남성', 한국대학신문,

- 성별로는 남성 총장이 91.9%에 달했다. 2016년 우리나라 대학 총장의 성비는 미국 대학의 1986년 수준이다.[10]

연령

- 대학 총장 사회에도 세대교체 바람이 불고 있다. 지금까지 대학 총장들은 대부분 60대 원로교수들이 맡아왔지만 최근 선임되는 총장들은 대부분 50대고, 40대 총장도 드물지 않게 나타난다.[11]
- 총장의 평균 연령은 63.76세였고, 가장 젊은 총장은 45세, 가장 고연령 총장은 89세였다. 두 경우 모두 지방 중소형 사립대학의 총장이었다.[12]

전공[13]

- 1945년 광복 직후부터 1950년대까지는 문과계열 출신 총장이 절대 다수를 차지했다.
- 1950년대까지의 총장 26명 중 7명이 철학과 출신이었다.

2019.03.26.

10 배상훈, 홍지인, 황수정, 이규린, 한국 대학 총장의 인구학적 특성, 학문적 배경 및 직무 경험과 시사점, 한국교육학회, 2017.

11 김남중, 대학 '젊은 총장'시대, 중앙일보, 2002.

12 배상훈, 홍지인, 황수정, 이규린, 한국 대학 총장의 인구학적 특성, 학문적 배경 및 직무 경험과 시사점, 한국교육학회, 2017.

13 정의진, 철학→法 · 경제학→이공계열… 시대 흐름따라 달라진 총장 전공, 한국경제, 2019.03.03.

출신 학과·전공 현황(학부) (단위 : 명, %)

순위	전공명	인원	비율
1	상학	21	11.7
2	경영경제	20	11.1
	법학	20	11.1
3	공학	18	10.0
	교육	18	10.0
	어문	18	10.0
6	의학	17	9.4
7	정치외교	12	6.7
8	농축산	9	5.0
9	이학	8	4.4
10	예체능	5	2.8
	인문	5	2.8
	행정학	5	2.8

출처 : 윤지은, 대학 총장 40%, 서울대·연세대·고려대 출신, 한국대학신문, 2005.

- 1960~1970년대에는 이공계열 출신 총장이 소폭 증가했다. 이 시기 20개 대학에서 새로 취임한 총장은 모두 76명으로, 정치학 경제학 등 사회과학 전공 출신 총장이 다수 등장했다. 법학 전공 총장이 16명으로 가장 많았다.
- 1980~1990년대에는 이공계 출신 총장이 꾸준히 증가했다.
- 2000년부터 2010년대까지 주요 20개 대학에 새로 취임한

설립별 대학 총장 전공 현황(단위 : 명, %)

국공립대			순위	사립대		
전공	인원	비율		전공	인원	비율
교육	11	25.0	1	산학	21	15.3
공학	8	18.2	2	법학	17	12.4
농축산	6	13.6	3	경제	16	11.7
경영경제	4	9.1	4	어문	16	11.7
의학	4	9.1	5	의학	13	9.5
법학	3	6.8	6	정치외교	11	8.0
* 기준 : 학부전공			7	공학	10	7.3
			8	교육	7	5.1
			9	예체능	5	3.6
			10	이학	5	3.6
			11	인문(철학)	4	2.9
			12	행정학	4	2.9
			13	농축산	3	2.2
합계	44	100.0		합계	137	100.0

출처 : 윤지은, 대학 총장 40%, 서울대·연세대·고려대 출신, 한국대학신문, 2005.

총장 85명 중 이공계열 출신은 28명으로 전체의 32.9%에 달했다. 특히 올해 들어 이공계열 출신 교수가 신임 총장으로 잇달아 선임되면서 비율이 크게 높아졌다. 현재 20개 대학 총장 중 이공계열 출신 총장은 10명으로 그 비율이 50%다.

전공계열	인원(명)	비율(%)
인문	27	16.9
사회	48	30.0
교육	12	7.5
자연	16	10.0
공학	34	21.3
의약	8	5.0
예체능	1	0.6
박사 미취득	14	8.8

출처 : 배상훈, 홍지인, 황수정, 이규린, 한국 대학 총장의 인구학적 특성, 학문적 배경 및 직무 경험과 시사점, 한국교육학회, 2017.

현직 총장 전공

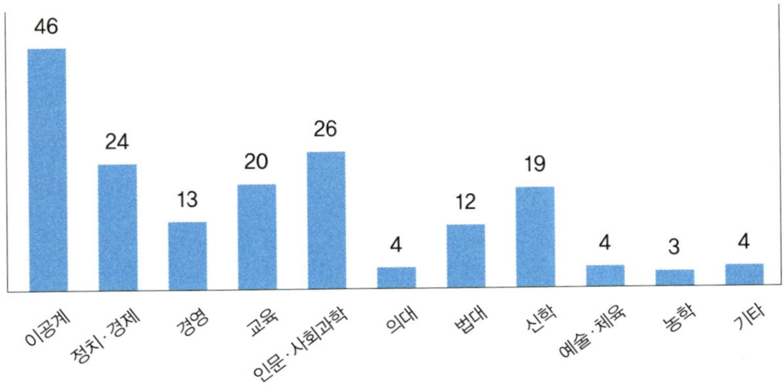

• 2019년 3월 현재 한국대학교육협의회 소속 200개 일반대 총장을 전수조사한 결과 2019년 현재 이공계 출신 총장은 46명으로 가장 많다. 이 중 총장 공석인 대학은 12곳이다.[14]

전직경력

• 189개 대학 중 자교 교수 출신 등 내부 인사가 129명(68.25%)을 차지했다. 반면 외부 영입 총장은 60명(31.74%)에 그쳤다.[15]

• 전체 189명의 총장 중 해외 박사는 88명(46.5%), 국내 박사는 83명(43.9%)이다. 학사·석사 학위자는 18명(9.52%)으로 집계됐다.

• 우리나라 총장들의 교수재직기간은 평균 17.62년이었다. 교수 경험 없이 총장이 된 경우도 있었으며, 교수재직기간이 가장 길었던 경우는 37.83년으로 나타났다. 학장, 처장 또는 부총장 등 보직을 경험한 총장(56.9%)은 절반을 조금 넘는 수준이었다.[16]

• 정부 고위 관료 출신 총장은 19명으로 약 10%를 차지한다. 이 중 대학을 관리 감독하는 교육부 출신은 4명, 국회의원

---

14 이현진, 대학 총장 평균은 '이·공계 출신 64세 SKY 거친 해외 유학파 남성', 한국대학신문, 2019.03.26.

15 신하영, [나는 총장이다] 대학의 별 총장… 서울대 출신 24.3% 최다, 이데일리, 2013.12.20.

16 배상훈, 홍지인, 황수정, 이규린, 한국 대학 총장의 인구학적 특성, 학문적 배경 및 직무 경험과 시사점, 한국교육학회, 2017.

출신은 5명이다.[17]

- YS정부 이후 교육부 차관 출신 13명 중 11명이 4년제·전문대의 전·현직 총장을 지낸 것으로 드러났다.[18]

17 이현진, 대학 총장 평균은 '이·공계 출신 64세 SKY 거친 해외 유학파 남성', 한국대학신문, 2019.03.26.

18 교육부 관료출신 총장, 순기능은 없나, 한국대학신문, 2014.03.09.

이사회의 기능과 역할

이사회의 기능[19]

- 이사회는 학교법인의 비상설기관이면서 필수기관으로 법인 업무를 심의, 의결한다.
- 우리나라의 경우 학교법인 이사회의 기능은 사립학교법 제16조 제1항과 학교법인정관 제31조 제2항에 규정된 심의·의결기능, 제19조 제3항의 업무위임기능과 제19조 제4항에 규정된 법인업무 감독 기능이 있다.
- 이사회의 본래의 기능은 학교법인의 업무를 심의하고 의사결

---

19 정문성, 이대로 사립대학 학교법인 이사회의 조직과 기능에 관한 연구, 전주대학교 비교법학연구소, 2006.02.

정을 하는 것이다.

- 민법에서 법인의 책무는 정관에 다른 규정이 없는 한 반드시 이사의 과반수 찬동을 얻어 그 업무를 결정하면 되는 것으로 규정되어 있다(민법 제58조 제2항).
- 그러나 사립학교법에 의해 설립된 학교법인 이사회의 업무에 관한 의사결정은 반드시 이사회의 심의를 거쳐야 하며, 재적 이사 과반수의 찬성을 얻도록 규정하고 있다. 즉 학교법인의 업무에 대한 의사결정은 별도의 개별적인 동의를 얻는 방법으로는 할 수 없고, 반드시 이사회를 통하여 결정하도록 규정하고 있는 것이다.
- 우리나라 학교법인 이사회의 기능은 국가나 사회의 요구에 따라 바뀌어 왔다. 즉 이사회의 기능이 그동안 정부와 사학과의 관계에서 규제·감독 및 지원·육성의 한계, 교육비의 제도적 보장문제와 독단적 경영, 사립학교의 관련 당사자인 교수, 학생, 학부모, 학생대표, 법인 등 구성원의 권리와 책임의 상충 등으로 역학관계에 따라 변화해 왔다.

이사회의 주요기능[20]

교원임면에 관한 사항

사립학교 교원인사에 관한 이사회의 심의, 의결기능에 대한 법적 근거는 사립학교법 및 사립학교법시행령, 교육공무원법, 국가공무원법 등이 있으며, 교원임면에 관한 사항은 총장과 교원의 임면에 관한 것으로 구분할 수 있다.

재산 및 재정관리에 관한 사항

학교법인 재정의 확보·보존·관리·처분

- 학교법인은 사립학교법 제5조에 의거 학교법인이 설치, 경영하는 사립학교에 필요한 시설, 설비와 당해 학교의 경영에 필요한 재산을 갖추도록 규정하고 있다.
- 대학의 건학이념에 따라 교육정책이 효과적으로 이루어지기 위해서는 기본재산과 운영기금 등 대학운영에 소요되는 재정을 확보하는 것이 필수적이라 할 수 있다. 사립대학의 재정은 일반적으로 학생납입금과 재단전입금, 외부단체의 기부금, 국고보조금으로 이루어지고 있다.

---

20 정문성, 이대로 사립대학 학교법인 이사회의 조직과 기능에 관한 연구, 전주대학교 비교법학연구소, 2006.02.

학교법인의 예산·결산 심의

- 학교법인의 예산·결산·차입금 및 자산의 취득, 처분과 관리에 관한 사항은 이사회에서 심의·의결하도록 사립학교법 제16조 제1항에서 규정하고 있다.

학교법인의 수익사업

- 학교법인의 수익사업은 이사회에서 심의·의결하도록 사립학교법 제16조 제1항 제7호에 규정되어 있고, 제6조와 사립학교법시행령 제3조로 학교법인은 그가 설치한 사립학교의 교육에 지장이 없는 한 그 수익을 사립학교의 경영에 충당하기 위해 수익사업을 할 수 있도록 하고 있으며, 학교법인이 수익사업을 하고자 할 때에는 지체 없이 공고하고 이를 관할청에 보고하도록 수익사업에 대한 공고내용과 방법, 절차에 관한 세부사항을 규정하고 있다.

교육의 종류와 질의 승인, 감독, 확인

- 이사회는 학교법인정관 제1조 및 해당 학교법인의 설립목적에 따라 해당 학교법인이 설치, 경영하는 대학이 어떤 교육의 종류와 어떤 수준의 교육을 제공할 것인가에 대하여 승인, 감독, 확인할 권리와 책임을 가지게 된다.
- 이사회는 이러한 목적을 수행하기 위하여 대학 내 각종 조직과 협력하여 교육과정 전반에 관한 정보를 얻어 교육정책을 결정한다. 그러나 대학이 점점 전문화, 대규모화 되어감에 따

라 이사회는 중요한 교육정책을 결정하고, 세부적인 사항은 교수회나 교무위원회 등에 위임하고 있다.

대학경영에 관한 중요사항

- 사립대학의 경영에 관한 중요사항은 학교법인 이사회에서 심의, 의결하도록 사립학교법 제16조 제1항 제6호에서 규정하고 있다. 해당 학교법인이 설립·경영하는 대학에 이사회가 관여하고 학교경영방침을 결정하는 것은 당연하다고 할 수 있으나, 그러나 학교경영에 대하여 이사회가 관여하는 내용과 정도는 대학의 자율성에 심대한 영향을 미치기 때문에 신중할 필요가 있다.

사립학교법[21]

제15조(이사회)

① 학교법인에 이사회를 둔다.

② 이사회는 이사로 구성한다.

③ 이사장은 이사회를 소집하고 그 의장이 된다.

④ 감사는 이사회에 출석하여 발언할 수 있다.

---

21 사립학교법.

제16조(이사회의 기능)

① 이사회는 다음 각 호의 사항을 심의·의결한다.

1. 학교법인의 예산·결산·차입금 및 재산의 취득·처분과 관리에 관한 사항
2. 정관 변경에 관한 사항
3. 학교법인의 합병 또는 해산에 관한 사항
4. 임원의 임면에 관한 사항
5. 학교법인이 설치한 사립학교의 장 및 교원의 임용에 관한 사항
6. 학교법인이 설치한 사립학교의 경영에 관한 중요 사항
7. 수익사업에 관한 사항
8. 그 밖에 법령이나 정관에 따라 그 권한에 속하는 사항

② 이사장 또는 이사가 학교법인과 이해관계가 상반될 때에는 그 이사장 또는 이사는 해당 사항에 관한 의결에 참여할 수 없다.

건국대학교 차기 총장 덕목 관련 설문조사 결과, 2020.04.21.

국가법령정보센터, 사립학교법, 2020, 일부 개정, https://www.law.go.kr/

교수신문, 2003.10.31.

김경수, 대학 총장교수협의회, 학생 갈등 해결은?, 파이낸셜뉴스, 2012.01.31.

김누리, 대학 총장의 임무, 중대신문, 2009.03.08.

김두연, 인간존중의 리더십이 필요하다(1), 벤처기업협회 협회지, 2007.01.

김리선, [인터뷰365 단독 인터뷰] 김두호가 만난 시드니대 스펜스 총장, 인터뷰365, 2020.06.22.

김명희, 글로벌 리더들의 리더십 DNA, 서울: 장서원, 2008.

김미란(한국교육개발원 고등교육정책연구실 연구위원), 학령 인구 감소에 대응한 일본 대학의 혁신 사례, 교육개발, 2018.

김민철, 대학평의원회, 학생 참여 11% 불과… '학내 갈등 요인', 베리타스알파, 2016.10.18.

김민철, 손승언, 능력 있는 리더, 재미있는 리더: 리더 능력 및 유머가 구성원의 성과에 미치는 영향, 한국인적자원개발학회, 2019.

김병기, "허수아비 총장과 학사개입 이사장은 퇴진하라", 오마이뉴스, 2020.09.24.

김봉구, 서강대 총장 "대학교육 근본 위기는 학생 감소보다 무크", 한경닷컴, 2016.03.04.
김봉구, 점거농성, 총장 사퇴… 대학 총장 운명 가르는 '이·학·교', 한국경제, 2016.10.13.
김성진, 대학교 이상 현실 그리고 개혁, 서울: 한국교육미디어, 2003.
김소연, "허수아비 총장과 학사개입 이사장은 퇴진하라", 이데일리, 2018.04.08.
김송희, 대학 갈등의 구조와 실태, 2006.
김영우, 대학은 사회에서 어떤 기능을 해왔을까요, 한겨레, 2013.11.04.
김유경, 뮌헨대, 연구 성과 세계적… 노벨상 다수, 동대신문, 2012.10.14.
김인수, "전체 사립대학의 43.5%는 대물림", IBS뉴스, 2019.10.17.
김인오, "혁신은 기업의 몫, 정부는 지원 역할만", 매일경제, 2018.07.02.
김일곤, 비민주적 국립대 총장 선거, 1인 1표제가 진정한 직선제, 오마이뉴스, 2020.08.03.
김일환, 한국 현대 대학사 100년의 조감도 -『학과 권력: 한국 대학 100년의 역사』, 2018.
김정원, "대학 총장들, 제대로 못하면 미세먼지 덮치듯 대학 망한다", 뉴데일리, 2020.01.17.
김종득, 서라벌대 총장 선임두고 이사회 - 교원노조 갈등, 경주 포커스, 2020.10.26.
김종량, 대학 총장의 리더십, 서울: 한양대학교출판부, 2010.
김종량, 이현청, 준비하는 대학만 살아남는다, 서울: 한양대학교출판부, 2020.
김종량, 이현청, 대학 살아남기, 서울: 한양대학교출판부, 2021.
김주안, 유평수, 이원, 리더의 감성리더십이 구성원의 조직 헌신성과 임파워먼트에 미치는 영향, 한국경영교육학회, 2012.
김철희(한국직업능력개발원 부연구위원), 미래교육의 변화, 대학교육, http://magazine.kcue.or.kr/last/popup.html?no=4023
김춘옥, 아미라 아키토 동경대학교 총장, 시사저널, 1992.04.30.
김치연, 서강대 총장선출 앞두고 내홍… 교수·학생회, 예수회측과 갈등, 연합뉴스, 2020.11.02.
김형곤, "조지 워싱턴의 리더십의 원천", 세계 역사와 문화 연구 0.43(2017): 31-74.
김형근, 대학과 학생회와의 갈등, 대학교육, 2006.
김화진, [김화진칼럼] 美하버드대의 두 총장, 엘리엇과 서머스, 뉴스1, 2018.

05.28.
김홍국, 21세기 리더십: 패러다임 전환과 리더의 역할, 한국인적자원개발학회, 1999.
대학 총장 외국은 어떻게 뽑나-美명문大 일군 전설적 총장들, 중앙일보, 1994. 12.15.
대학 총장의 역할과 공공가치. 전대신문. 2017.06.07.
메디컬뉴스, 'AI 시대, 대학교육의 방향-무엇을 먼저 시작할 것인가', 2019.05.11.
박동휘, 대학 총장들의 탄식 "대학의 미래 고민하는 대선주자 없어", 한국경제, 2017.02.14.
박민정, 대학교육의 기능과 역할 변화에 따른 대안적 교육과정 담론, 2008.12.
박상표, 대학의 역사와 대학의 위기, 참여연대, 2004.
박성웅, 전국 국공립 대학 총장들 '포스트 코로나' 대책 고민, BBC NEWS, 2020.06.11.
박시남, 최은수, 배귀희, 대학 총장의 리더십이 행정 직원 리더십에 미치는 영향, 한국성인교육학회, 2012.
박의래, 동국대 '혁신안' 놓고 학내 갈등… 교수들, 노조 설립 추진, 연합뉴스, 2019.
박종문, [대학혁신의 길Ⅱ-독일을 가다. 2] 하이델베르크대학, 영남일보, 2019. 05.28., 수정 2019.07.09.
박지민, 박나리, 문휘창, 다이아몬드 모델의 접근법을 활용한 경영인의 리더십 원천에 대한 고찰: 현대그룹의 정주영 회장과 삼성그룹의 이병철 회장에 대한 사례 연구, 2012.08.
박진우, 대학교육의 기능 및 등록금과 임금체계: 대학구조조정개혁에 대한 일고찰, 2013.05.
방준혁, 코로나에 올해 대학 등록금 동결 움직임… 갈등은 계속, 연합뉴스, 2021. 01.13.
배상훈 외 3인, 한국 대학 총장의 리더십 사례, 교육행정학 연구, 2018.
백형찬, [시사진단] 총장에게 바라는 두 가지 덕목, 가톨릭평화신문, 2018.07.15.
백형찬, 현대의 대학 총장, 대학교육신문, 2019.10.09.
블레인 리(장성민 역), 지도력의 원천, 김영사, 1999.
사립학교법.
서울대 이장무 총장 e-총장실, 동경대 하마다 준이치 총장과 대담, 2009.06.18.
서울대학교 홈페이지.
송영식(한국대학법인협의회 사무총장), 대학 총장 선임제도의 현황과 개선 방안, 대학

교육, 130(): 84-93, 2004.
송영식, 한국 대학의 경쟁력 제고와 대학 총장 선출제도, 한국대학법인협의회, 2006.
송자, 대학의 리더십, 황해문화 제15호, 117-133, 1997.
신제구, [신제구의 '리더십 레슨'] 의심이 많은 리더가 불행한 이유, 포춘코리아, 2017.
신현석, 류수형, 김혜연, 국립대학 총장선출제도의 쟁점과 과제, 고려대학교 교육문제연구소, 2016.11.30.
신현석, 주영달, 사립대학 총장선출제도 개선의 논거와 방안-대학 자율성의 관점에서-교육법학 연구, 2016.
아리마 회장 "과학은 암기식교육으론 안돼", 매일경제, 2006.04.13.
양준석, 순천 청암대, '한 지붕 두 총장' 사태… 법적분쟁 불가피, 시사포커스, 2020.12.31.
오영재, "한 대학 총장의 주요 행정활동과 그 특징", 教育問題研究 6.-(1994): 147-161.
오현정(주한영국문화원 교육사회본부장), 2010년 이후 영국 고등교육법 개정 및 대학교육의 지형변화, 2018.
원영미, [세상보기] 대학 총장의 역할, 중도일보, 2018.03.22.
위키백과사전.
유일상, 대학의 갈등과 그 극복방안, 대학교육, 2004.
유지상, 대학 총장의 가장 큰 고민, 한국경제, 2019.10.21.
윤석만, 전민희, 다시 부는 총장 직선제 바람, 학내 민주화일까 포퓰리즘일까, 중앙일보, 2019.06.02.
윤수희, 서강대 남양주캠퍼스 놓고 총장-이사회 '갈등 심화', news1뉴스, 2016.
윤창수, 명문대 교육혁명(13) 호주 멜버른대, 서울신문, 2006.07.14.
윤희현, 동아대학교 다우미디어센터(http://dongan.dau.ac.kr), 동아대학보, 2016.
이경화, 인지창의리더십 계발을 위한 글로벌리더 모형, 2009.
이근미, 일본 10년 불황을 이긴 사람들 ①오쿠시마 총장의 와세다 大學 개혁, 월간조선, 2004.12.
이만희, 한국의 고등교육 통치에서의 정부-시장 관계, 대학교육, 2003.
이민수, 자기개발 노력 및 리더의 지원이 군 조직 효과성에 미치는 영향: 자기효능감의 매개 효과, 한국인력개발학회, 2014.
이상길, 변화하는 대학 교직원을 말한다, 교수신문, 2008.

이윤미, 대학의 역사(발전과정), 홍익대 교육학과.
이재, '언택트(Untact)' 아닌 '온택트(Ontact)'… 시공간 경계 허문 예술교육, 가능성 무한대, 조선일보, 2020.06.08.
이창현, 대학의 가치, 대학 총장의 자격 요인 및 선출 제도에 대한 사립대학 교수의 인식에 관한 연구, 사회과학연구, 31(1), 253-280, 2018.
이현청, 21세기와 함께하는 대학, 서울: 민음사, 2000.
이현청, 4차 산업혁명과 대학의 미래, 서울: 학지사, 2019.
이현청, 대학교수업적 평가론, 학지사, 2001.
이현청, 대학평가론, 문음사, 2001.
이현청, 왜 대학은 사라지는가, 서울: 카모마일북스, 2015.
이현청, 전환기 대학교육개혁론, 서울: 문음사, 2006.
이현청, 지금은 대학의 위기상황… '전략적 총장' 필요해, 이대학보, 2020.04.08.
이현청, 총장선출제도에 관한 연구, 서울: 한국대학교육협의회, 1998, 2002.
이현청, 학생소비자시대 개방시대의 대학, 서울: 한양대 출판원, 1996.
이효계, 대학 총장의 리더십, 대학교육, 143, 32-35, 2006.
이춘수, [계산동에서] 경북대 총장 선거에 부쳐, 매일신문, 2006.06.13.
임동식 기자, [프리즘] 대학의 역할, 전자신문, 2016.02.15.
임연희, 대덕대 김상인 총장 "대학 중장기 비전 재정립", 디트뉴스, 2017.07.31.
임지수, 중앙대 총장 불신임 투표 '압도적 찬성'… 첫 사례될 듯, 2015.07.14.
전소현, 연방 정부 '곤스키 혁신안' 적극 수용, 한호일보, 2018.04.30.
전용준 기자, 복지국가를 위한 대학의 역할과 기능 재정립, 뉴스필드, 2017.09.
정문성, 이대로 사립대학 학교법인 이사회의 조직과 기능에 관한 연구, 전주대학교 비교법학연구소, 2006.02.
정수정(독일통신원), 독일 교육의 현황과 미래 과제, 한국교육개발원 국외교육동향, 2017.
정운찬(서울대총장), 한국 대학의 현실과 이상, 2009.07.06.
조철현, 토마스 그룹의 나눔의 프락시스에 기초한 리더의 자기성찰적 인성 개발, 한국기독교교육정보학회, 2014.
진용준, 숙명여대 교수 직선제 총장 선출 논란… 일부 학생들 노숙 투쟁, 여성소비자신문, 2019.10.29.
총장직선제, 위키백과.
최경배, 아세아연합신학대학교(Acts), 총장과 교수협 갈등 심각, 크리스천 노컷뉴스, 2021.01.21.

최승관, 리더의 정서지능이 리더십 유효성에 미치는 영향, 2006.

(1) Misop Song(1997년), "The changes in Korea Universities Reflected in Their Presidents' Backgrounds : 1965 and 1976"『교육학연구』, 제15권 제2호, pp.52~69.

(2) Misop Song(1998년), "The changes in Korea Universities Reflected in Their Presidents' Backgrounds : 1976 and 1988",『고등교육연구』, 제1권 제1호, pp.49~80.

(3) 백정하(1997년 9월), "대학 총장의 변혁적 지도성에 대한 연구",『고등교육연구』, 제9권, 제1호, p.178.

(4) 오세정, "대학 총장 직선제 개선해야", 조선일보, 2002년 7월 30일, p.40.

(5) 표시열외 3인(2000년), "대학 총장 선임방법에 관한 국제비교 연구",『고등교육연구』, 제11권 제1호, pp.25~58.

최영태, 대학의 기능과 사회 참여, 전대신문, 2015.11.09.

최용민, 〈경상칼럼〉 "시카고 플랜(Chicago Plan)", 경상매일신문, 2020.05.05.

최원형, 동양대 총장 임명 과정서 사립학교법 위반, 한겨레, 2019.

최창식, 김영섭 부경대 총장 "소통과 공감의 출발점은 '역지사지', 학내 갈등 해결 '큰형님 리더십' 필요", e-대학저널, 2020.08.31.

컴퓨터 분야… 미 카네기 멜론대, 조선일보, 1999.03.12.

한국교육신문, 대학의 품격과 기능, 2019.12.06.

한국대학교육협의회 조사분석팀, 이탈리아의 고등교육 시스템, 2016.

한국대학교육협의회, 해외고등교육 최신 동향, 독일, 2015.

한길, 수원대학교 교수협의회, 대학과 총장, 그리고 도착적 폭력(1), 2013.10.22.

한성열, 시카고대 학사관리 엄격… 91번째 노벨상 배출한 원동력, 글로벌이코노믹, 2018.

황정환, 구은서, [대학생 학교운영 참여 논란] "등록금 냈으니 참영권 당연" vs "백년대계 사업도 재학생 허락 받나", 한국경제, 2017.04.14.

허브 코헨(강문희 역), 협상의 법칙 1, 청년정신, 2011.

허준(연세대 건설환경공학과 교수), 대학의 과거와 미래, ③새로운 시도에 두려움이 없는 미국 대학의 혁신, 동아사이언스, 2020.10.13.

홍윤택, 이병승, 허친스 독서철학의 교육적 의의 탐구, 2018.09.

Astin, A. W, Scherrei, R. A. *Maximizing Leadership Effectiveness*, San-francisco, Jossey-Bass, 1980.

Bob Adams, *The Everything Leadership Book*, avon massachusetts, Adams Media Corporation, 2001.

Cleveland H, *The Knowledge Executive Leadership In An Information Age*, New york, Dutton, 1985.

Cohen M. D, March J. G, *Leadership and Ambiguity*, New york ; Mc-Graw-Hill, 1974, 1986.

Epstein L. D, *Governing the university: the campus and the public interest*, Sanfrancisco, Jossey-Bass, 1974.

Fisher, James L, *Power Of The Presidency*, New york, American council on education, 1984.

Fisher, James L, James L. Wheeler, Martha W. Tack, Karen J. Wheeler, *Effective College President*, The American Council on Education/ Macmillan, 1988.

Fisher, James L.;Koch, James V, *Presidential Leadership: Making a Difference*. American Council on Education/Oryx Press, 1996.

Former Harvard dean Henry Rosovsky, "Asian colleges should go beyond unproductive 'examination hell'", 아시아투데이, 2016.01.25.

Henry Rosovsky, "Asian colleges should go beyond unproductive 'examination hell'", 아시아투데이, 2016.01.25.

https://www.tohoku.ac.jp/japanese/

John A. Bowden, Ference Marton, *The University of Learning*, London, kogan page, 1999.

Kerr, C and Gade, Marian L, *The Many Lives of Academic Presidents: Time, Place, and Character*. Washington: Association of Governing Board, 1986.

Lee Hyun C. *The new era of televersity and andraversity in the campus-less society: the virtual university and its implications in Korea*, London: Portland Press, 2001.

Newman John Henry, *The Idea of A University*, Edited by I. T. Kerr, Oxford;Clarendon press, 1976.

Robert Anderson, *British Universities Past and Present*, Hambledon Continuum, 2006.

Robert Birnbaum, *How Academic Leadership Works: Understanding Success and Failure in the College Presidency*, Sanfrancisco, Jossey-

Bass, 1992.

Robert Birnbaum, *How Colleges Work: The Cybernetics of Academic Organization and Leadership*, Sanfrancisco, Jossey-Bass, 1988.

Rosovsky Henry, *The University: An Owner's Manual*, New york, Norton & Company, 1990.

Wenrich, J. William, *Can the President Be All Things to All People?*, Community and Junior College Journal, v51(1985) p.36-40.

김종량 미국 컬럼비아대학교에서 교육공학박사를 취득한 후 한양대학교 사범대학 교수와 18년 동안 총장으로 재직하였다. 국제인권연맹 회장, 대통령 과학기술 자문위원, 세계대학스포츠연맹 집행위원으로 활동하였으며, 고등교육 분야 등에 큰 기여를 한 학자이자 대학 경영자이다. 『대학 총장의 리더십』 등 다수의 저서가 있으며, 현재 한양학원 이사장과 고등교육연구소 설립고문으로 있다.

이현청 미국 남일리노이대학교에서 철학박사를 취득한 후 한국과 미국 대학의 교수와 호남대학교·상명대학교 총장으로 재직하였으며, 고등교육 분야에 많은 기여를 한 대표적인 고등교육 전문가이다. 『4차 산업혁명과 대학의 미래』 등 국내외 40권의 저서가 있으며, 현재 한양대학교 고등교육연구소장으로 있다.

대학 총장론

– 명품 총장이 명품 대학을 만든다

펴낸날 2022년 7월 1일 초판 1쇄 · 2022년 11월 1일 초판 2쇄

지은이 김종량·이현청 · **펴낸이** 김우승

펴낸곳 한양대학교 출판부 · **출판등록** 제4-7호(1972.2.29)

주소 서울 성동구 왕십리로 222 · **전화** 02.2220.1432-4 · **팩스** 02.2220.1435

홈페이지 press.hanyang.ac.kr · **이메일** presshy@hanyang.ac.kr

편집·본문디자인 김민지 · **표지** 안광일 · **인쇄** 네오프린텍

ISBN 978.89.7218.746.2 (93370)